L'innovation vertueuse

Questions contemporaines

Collection dirigée par Jean-Paul Chagnollaud, Bruno Péquignot et Xavier Richet

Chômage, exclusion, globalisation… Jamais les « questions contemporaines » n'ont été aussi nombreuses et aussi complexes à appréhender. Le pari de la collection « Questions contemporaines » est d'offrir un espace de réflexion et de débat à tous ceux, chercheurs, militants ou praticiens, qui osent penser autrement, exprimer des idées neuves et ouvrir de nouvelles pistes à la réflexion collective.

Dernières parutions

Alexandre BAUMANN, *Économie du militantisme, Le paradoxe du cancer militant*, 2022.
Sandy Larose et Ginette Francilus Sanon, *Femme, identité et chrétienté aux temps modernes*, 2022.
Lydia KAMENOFF et Hortense DE VILLAINE (dir.), *L'Empire : centre et périphéries*, 2022.
Vladimir CREȚULESCU, *Ethnicité aroumaine, nationalité roumaine, La construction discursive d'une identité nationale (1770 – 1878)*, 2021.
Fathi BEN MRAD, *Les médiations à l'ère des médiums digitaux*, 2021.
Mohammed ESSAOURI, Abdelouahad MABROUR et Mina SADIQUI (dir.), *Pratiques de classe en contexte francophone,* 2021.
Serge MUKIELE BWANA, *Ces nouvelles barrières érigées après la chute du mur de Berlin*, 2021.
Gilbert BOUTTÉ, *La Crise du coronavirus. L'erreur du président Emmanuel Macron*, 2021.
Dominique TURCQ, *A la recherche du lien social perdu. Vivre et travailler ensemble au XXIe siècle,* 2021.
José COHEN-AKNINE, *Tragiques déséquilibres de nos sociétés*, 2021.
Jean-Jack MICALEF, *De l'économie politique à l'économie poétique*, 2021.
Didier CLECH, *L'école, pour une parole libre*, 2021.

Arnaud Maigre

L'INNOVATION VERTUEUSE

L'économie par les valeurs

L'Harmattan

Du même auteur

De l'éthique en économie, l'Harmattan, 2010.

Plaidoyer pour l'entrepreneur, Manitoba/Les Belles lettres, 2016.

5-7, rue de l'École-Polytechnique ; 75005 Paris

http://www.editions-harmattan.fr

ISBN : 978-2-343-25061-8

EAN : 9782343250618

Prologue

Ce livre est né d'une expérience personnelle. A l'occasion de plusieurs dîners entre amis, mon optimisme s'est retrouvé systématiquement confronté à un mur de pessimisme. Nos conversations, sans être banales, portaient comme on le fait entre amis sur la vie de nos proches : enfants, amis communs plus ou moins éloignés, relations professionnelles. Pour donner à la conversation un tour plus général, je trouvais toujours l'occasion d'amener mon interlocuteur à constater le côté positif des situations personnelles évoquées. Nos conversations prenaient alors inévitablement une orientation plus politique. J'étais immédiatement sanctionné pour mes tentatives frauduleuses de généraliser des situations personnelles en bonheur social. Les enfants voyageaient pour leurs études ce que, faisais-je remarquer, nous n'avions pas pu faire, mais ça ne pouvait compenser, dans l'esprit de mes convives, les effets déprimants de la crise. Chacun de nos enfants trouvait un travail et un appartement avec difficulté et force colocations, certes, mais le fait que mes parents aient vécu chez leurs propres parents pendant cinq ans faute de logements abordables ne pouvait être envisagé comme un progrès. Chaque effet bénéfique de notre vie que je m'efforçais de mettre en avant était vite rabroué par l'ensemble de mes interlocuteurs de sorte qu'une bonne table bien arrosée se transformait en un champ de ruine d'arguments fracassés par un tir d'artillerie des méfaits de notre vie moderne. Plus je m'entêtais, plus le dîner devenait tendu ; insatiable pourvoyeur d'optimisme, je brisais le plaisir d'un dîner partagé en mille morceaux de récriminations. La conclusion invariable qui permettait de sortir de l'affrontement était que j'étais optimiste parce que j'étais chef d'entreprise mais que ça ne valait pas pour le reste des invités. J'étais en somme un optimiste professionnel, insensible au pessimisme des gens normaux. Ce professionnalisme m'empêchait de voir la vraie vie. Cette concession faite à mon statut marquait la fin des débats. Plusieurs fois l'ambiance fut si plombée qu'il ne fut plus question d'être réinvité. À l'occasion de tous ces dîners, mon obstination ne put triompher du pessimisme des convives et je commençais à comprendre que c'est moi qui avais tort. Je dus admettre que le pessimisme avait gagné : telle une énergie noire il attirait tous les esprits. Il fallut me rendre à l'évidence, la société était réellement malade, mon petit échantillonnage bourgeois et privilégié était en phase avec le pessimisme ambiant de tous les Français : plus pessimistes pour la société que pour leur situation personnelle. Comme une parfaite illustration des sondages, mes convives convenaient que si ça allait bien pour eux, leur situation privilégiée rendait leur cas exceptionnel et non généralisable. Evidemment, je ne pouvais me satisfaire de cette contradiction.

Cet essai est une invitation réfléchie à s'engager contre la dépression collective qui m'a tant frappé lors de mes dîners. Il existe une littérature peu abondante pour nous dire que ce n'était pas mieux avant. De Steven Pinker à Michel Serre, ils sont quelques-uns à ne pas nous promettre l'apocalypse, mais le public préfère qu'on lui dise comment ça va mal tourner. L'écologie, la finance et le capitalisme sont sur le podium des meilleurs thèmes catastrophistes. Je ne vais pas lister tout ce qui va bien pour faire barrage aux pessimistes. Non, puisque j'admets, sous l'influence de mes convives, que ça ne va pas, mais ma thèse est que ça ne va pas surtout dans les représentations collectives que nous nous faisons de l'avenir. Loin de moi l'idée de sous-estimer l'influence des représentations collectives, bien au contraire, elles sont une réalité qui oriente puissamment le destin des sociétés, et c'est une réflexion sur ce sujet que je voudrais développer. Mon point de départ est l'économie, car le malaise social se nourrit de la vie dans l'entreprise, des inquiétudes pour sa situation ou la situation matérielle de ses proches et, depuis quelques années, des externalités négatives de l'activité économique sur l'équilibre écologique. L'innovation dans ce tableau occupe une place centrale car elle ne cesse de tout bouleverser : nos habitudes de travail, nos modes de consommation, notre environnement, notre avenir et jusqu'à ce qui me semble à l'origine de notre civilisation : notre désir de progrès. C'est pourquoi il est essentiel que l'innovation retrouve à nos yeux ses vertus. Je m'empresse d'ajouter immédiatement que ce n'est en rien un essai sur les questions de technologie. Je ne vais pas traiter des bonnes ou des mauvaises technologies. Ce n'est pas non plus un guide pratique sur la meilleure façon de réussir par l'innovation, mais je vais essayer de comprendre pourquoi une société accepte et promeut l'innovation, et en quoi cela a un rapport avec un système de valeurs et donc de représentation de notre monde. « L'innovation vertueuse » est donc une interprétation des phénomènes économiques par les valeurs car si l'économie dit le prix de chaque chose, elle ignore les valeurs qui permettent de les créer. Ma thèse est que les valeurs sont à l'origine des évolutions économiques, et qu'en conséquence, les représentations mentales déterminent la richesse matérielle aussi bien au niveau macro-économique qu'au niveau micro-économique de l'entreprise. Mon profil de chef d'entreprise me conduit à mettre en œuvre tous les jours des valeurs auprès des équipes qui constituent notre groupe. C'est cette représentation positive que je me suis efforcé de théoriser dans cet essai.

Introduction

Sans l'innovation l'homme n'existerait pas et n'aurait jamais existé[1]. J'entends par innovation la lutte permanente engagée par l'humanité pour améliorer son quotidien et sortir de l'état naturel qui fut sa première condition. L'homme est un animal technique, un *homo faber* qui ne se contente pas de satisfaire ses besoins immédiats organiques. En réalité, son but est de se détacher de sa part animale car, ce qui l'en distingue, c'est la recherche du bien-être superflu. L'homme n'a pas besoin de simplement exister comme l'animal, il ne se sent lui-même que dans la recherche du bien-être et tous ses efforts concourent à s'épargner d'autres efforts pour une meilleure vie. C'est pourquoi toute son énergie est consacrée à modifier son environnement naturel pour l'adapter à ses désirs. L'animal s'adapte à son milieu, l'homme adapte son milieu. Il se construit ainsi un monde de culture gagné sur la nature et nourrit par un triptyque d'innovations : techniques, organisationnelles et religieuses. Le croisement de ces trois innovations produit des civilisations dont le prestige se mesure par leur capacité à créer des valeurs matérielles et des valeurs spirituelles. Dans cette lutte acharnée, le désir est infini et l'innovation sans limites. Allez savoir ce que seront les besoins des hommes quand seul le superflu leur est indispensable ? De quoi les hommes ont-ils une réelle utilité ? Les choses se compliquent sérieusement quand l'innovation stimule les besoins. L'homme éprouve alors un vertige cosmique face à l'enchaînement de ses découvertes et de ses désirs : autant de bien-être que de dangers s'y cachent. Le transhumanisme franchit un pas de plus en voulant modifier la nature même et plus seulement le milieu culturel. L'homme augmenté, échappant à la mort, dépasse les limites naturelles et semble s'arroger les

[1] J'emprunte cette formule de José Ortega y Gasset en l'appliquant à l'innovation. Il la destinait à la technique mais, comme j'espère on le verra, elle convient parfaitement à l'innovation. José Ortega y Gasset, *Méditation sur la technique*, Allia, 2017, p.7.

privilèges divins. Certains s'en effraient ! Notre civilisation qui a connu une accélération foudroyante des innovations est prise par ce vertige et l'avenir est redouté. L'innovation est dans tous ses états, elle nous affole ! Le monde qui se construit sous son impulsion a-t-il encore du sens ? Ne contrevient-il pas à l'éthique et aux valeurs qui font notre humanité ? On avance à rebours vers l'avenir car l'aspiration au progrès a cédé la place aux craintes de l'écologisme. La croissance capitaliste, sous prétexte d'innovation, ne brûle-t-elle pas la maison ? Ne faut-il pas arrêter la marche folle de la croissance ? Ne sommes-nous pas en train de détruire notre monde par excès de mondialisation ? Ces craintes, exacerbées par l'épidémie du coronavirus, ont été recyclées par de nombreux penseurs en péché originel du progrès. Dès lors est-il possible de réenchanter le progrès ? Dans ces conditions, comment l'innovation peut-elle être qualifiée de vertueuse ?

Force est de constater que l'innovation ne perturbe pas que l'environnement, c'est aux organisations humaines qu'elle s'attaque en premier. Elle a toujours suscité des réactions de rejet. Les ouvriers tisserands[2] qui cassaient les machines à tisser au motif que celles-ci détruisaient leurs emplois s'opposaient à l'innovation technique mais ils ne purent triompher du désir des clients pour des produits moins chers et de meilleure qualité. Nos choix individuels de consommateur n'ont de cesse de rechercher l'innovation pour améliorer notre quotidien. Il fut un temps où cette recherche alimentait l'espoir d'un monde meilleur. La révolution industrielle qui fit jaillir le progrès de l'état de stagnation plurimillénaire des économies agricoles s'est conçue comme une période conquérante. Un récit positif l'accompagnait. Le progrès était perçu comme la promesse d'un futur enviable. Ce récit nous manque ! Il nous manque parce qu'aucune société, pour être harmonieuse, ne peut s'abstenir d'une vision positive de l'avenir, d'un projet fédérateur. Il nous manque, parce que le progrès est fondamentalement ce qui est arrivé de mieux à l'humanité. Malgré ce constat que chacun peut

---

[2] Les luddites sont des ouvriers tisserands anglais qui au début du 19ème siècle détruisaient les métiers à tisser au motif qu'ils leur supprimaient leur emploi. Les Canuts firent de même à Lyon.

éprouver dans son quotidien, le désenchantement gagne notre vision de l'avenir.
Ce désenchantement est aussi un désenchantement du présent. Je l'analyserai dans cet essai comme une faiblesse spirituelle. Certains diront qu'il suffit à l'avenir d'advenir pour provoquer le désenchantement[3]. Il y a certes comme une constante de la psychologie humaine pour la déception du présent, mais l'incapacité à construire un avenir à partir de valeurs reconnues comme d'origine spirituelle, me semble-t-il, en est la cause essentielle. C'est pourquoi, l'avenir redouté est plus le symptôme d'une faiblesse spirituelle qu'un invariant psychologique à jouir du présent. Il faut bien admettre qu'aujourd'hui, nous modifions notre avenir à un rythme tel que nous n'arrivons plus à nous y projeter. Le temps qui est la mesure du changement s'accélère à proportion des mutations que nous vivons. Les temps présents, si je puis dire, n'en ont pas beaucoup pour eux, de sorte que le futur ne nous laisse pas de répit. Les changements sont toujours accompagnés d'inquiétude, or notre société, en l'absence d'un récit fort, porteur de valeurs, oscille entre deux émotions fondamentales[4], la peur et la confiance. Mais c'est la peur qui exerce le plus son pouvoir d'attraction. L'inquiétude se diffuse comme un poison qui nous désenchante. Une culture du pessimisme s'insinue dans nos représentations collectives. Dès lors, comment vivre un présent sans cesse remis en cause par de futures innovations tout en gardant confiance dans notre société ?

L'innovation est inhérente à notre projet de société, elle peut être assimilée à une énergie modifiant l'environnement naturel en vue de l'adapter aux désirs humains. Comme telle, elle génère des externalités négatives : sociale et environnementale. Décrit en ces termes, le problème central d'une société devient celui de la gestion des mutations provoquées par l'innovation. L'inquiétude qui occupe les esprits sur un plan collectif est nourrie par les sujets économiques : le chômage, le sentiment de

---

[3] Lire à ce sujet Nicolas Grimaldi, *Bref traité du désenchantement*, Agora Pocket, 2017.

[4] Sur les débordements provoqués par nos émotions, voir Philippe Jeammet, *Quand nos émotions nous rendent fous, Un nouveau regard sur les folies humaines*, Odile Jacob, Paris, 2017.

déclassement, le déclin économique, le réchauffement climatique lié à l'activité humaine… Il se trouve que la science économique a un rôle central à jouer dans la compréhension de ce que j'ai appelé la lutte acharnée pour modifier son quotidien. C'est elle que nous allons solliciter dans ce livre pour mieux appréhender l'innovation. Mais les phénomènes économiques réels se doublent d'une appréciation subjective de la réalité. Or, les représentations mentales qui ont pour fonction de nous permettre d'apprécier le réel pour mieux le maîtriser se fabriquent, comme nous le verrons, à partir de valeurs culturelles. L'économie qui se donne pour objet l'étude des comportements humains relatifs à la richesse matérielle s'efforce de découvrir des lois qui décrivent un ordre : un ordre économique qui trouve son fondement dans la figure de *l'homo economicus,* mais aussi dans des conventions sociales sujettes aux représentations morales. Or celles-ci restent disjointes de la science économique. On a donc d'un côté un *homo economicus* critiqué de toutes parts et de l'autre un *homo sentimentalisa*, subjectif, irrationnel, pénétré de culture, soumis à des comportements conventionnels inspirés par des valeurs, bien réel, mais sans rapport avec la science économique. Dès lors, la question qui se pose à nous est de savoir si ces représentations morales qui habitent le cerveau de notre *homo sentimentalis* entretiennent des liens de causalité rationnels avec l'ordre économique via le système de valeurs. Si la réponse à cette question était positive, il serait alors légitime de porter un regard spirituel sur l'économie. En effet, les valeurs ont des affinités directes avec les conceptions spirituelles. L'ambition de cet essai est de contribuer à nous réconcilier avec l'innovation comprise comme une force spirituelle qui meut l'économie. C'est une tentative pour réenchanter le risque[5]. Cela ne peut passer que par un élargissement des domaines étudiés par la science économique au monde des valeurs.

L'économie est une science mal aimée et mal comprise. Mal aimée, car elle est perçue comme le terrain des adaptations douloureuses, de l'inégalité, de la cupidité, de l'hybris prométhéenne, et mal comprise, car nous sommes profondément

---

[5] Voir à ce sujet pour une approche sociologique l'essai de Gérald Bronner, *La planète des hommes, Réenchanter le risque* , PUF, 2014.

imprégnés par l'idée que la richesse se crée par la multiplication des bras et du capital. Ne désignons-nous pas notre système économique par le capital ? Le capitalisme ne rime-t-il pas avec le décollage industriel et l'entrée dans la modernité ? Pourtant il est facile de constater que les civilisations antiques ont concentré du capital et des bras sans pour autant prendre le chemin du développement. Ce qui leur a manqué pour réussir la « grande évasion[6] » vers la croissance économique c'est, sans conteste, l'acceptation de l'innovation comme projet de société. Le recul historique nous impose de nous détacher de la conception uniquement technique de l'innovation à laquelle nous sommes trop sensibles et à laquelle nous prêtons des vertus dynamisantes qu'elle ne peut avoir seule, le transhumanisme en étant une sorte d'avatar. Nous devons l'enrichir par une réflexion plus générale intégrant, au-delà de la recherche du désir superflu, une sorte de disposition d'esprit à l'innovation. Disposition qui intègre la possibilité de s'attaquer rationnellement à la compréhension du monde, ce qui est le rôle de la science. Mais aussi, et c'est une deuxième caractéristique essentielle, celle de diffuser l'innovation dans le corps social en faisant accepter les changements structurels qui en découlent. Il ne sert à rien d'inventer si l'on ne peut diffuser. Sans diffusion, l'invention ne passe pas au stade de l'innovation. Ainsi, l'innovation vertueuse est difficile à saisir car elle a trait à la technique, à la politique et à la culture. L'innovation est, nous l'avons dit, comme l'énergie qui provoque les mouvements économiques. C'est elle qui fait jaillir la valeur capitalistique, la richesse matérielle, et elle le fait toujours en s'appuyant sur un arrière-plan culturel complexe. C'est bien pourquoi les économistes ne lui ont pas fait la part belle. Ils ont préféré ses effets matériels : bien sûr l'accumulation du capital, l'augmentation de la population, les économies d'échelle. Ils ont émis des doutes sur son influence et ont cru que les rendements décroissants, la croissance exponentielle de la population, l'exploitation de la valeur travail, la fin des opportunités d'investissement, le remplacement de l'homme par la machine nous conduiraient au mieux à un état stationnaire, au pire à la catastrophe. Malthus n'est jamais loin. La tentation

[6] Deaton Angus, *La grande évasion*, PUF, 2016.

d'une pensée profondément pessimiste et l'incitation à prendre les forces du marché en main révèlent notre manque de confiance dans ces mécanismes. La pensée keynésienne a su théoriser cette crainte. Pour Keynes, la propension à innover n'avait rien à faire dans son multiplicateur ; la richesse s'obtenait par la stimulation de la demande. Si Keynes avait été conseiller des empereurs romains, il aurait certainement cru pouvoir mettre l'empire sur les chemins de la prospérité économique[7] ! Il manquait juste à sa théorie générale l'essentiel, soit l'innovation, un facteur ignoré du système économique, car appartenant par sa complexité au monde technique et également au monde des valeurs culturelles. L'innovation a tout de même fini par s'imposer dans les équations de production mais accolée au capital [8] . Les économistes se sont posé la question de savoir si l'innovation est inhérente au système, on la qualifiera alors d'endogène, ou si elle tire sa vitalité de facteurs extérieurs, on parlera alors de facteurs exogènes. C'est une question fondamentale à laquelle on doit répondre clairement car la réponse a de nombreuses implications sur les choix de politique économique. Peut-on décréter l'innovation, plus modestement la favoriser, ou seulement la constater, ne laissant à la politique aucune prise sur son avènement ?

L'objet de la science économique conduit à découvrir un ensemble de lois économiques qui dessinent un ordre naturel. Cet ordre n'est pas pour autant figé. Il faut plutôt y voir un champ de forces impulsé par une énergie créatrice, l'innovation, qui modèle les organisations économiques. Cet ordre naturel se nourrit de valeurs culturelles différentes en fonction des lieux et des époques. Il se décline en de multiples ordres culturels. Parmi ces valeurs certaines, se distinguent par leur capacité à façonner

---

[7] Il est vrai que Keynes fait démarrer la modernité avec l'accumulation du capital commencé au XVIe siècle grâce à l'afflux d'or lié à la conquête espagnole du nouveau monde. J.M Keynes, *Lettre à nos petits-enfants*, Les Liens qui Libèrent, 2017, p.34.

[8] La fonction de production de Cobb-Douglas utilise un facteur A pour désigner la productivité du capital, elle s'exprime sous la forme suivante : Y= A*K(1-α)*Lα où K désigne le capital et L le travail, α est le ratio salaire/valeur ajoutée, α permet de pondérer le facteur travail par la part du salaire dans la valeur ajoutée et (1- α) pondère inversement le capital.

les sociétés du point de vue de leur production : je les appelle macro-valeurs ; elles ont un impact direct sur l'innovation. Ainsi, chercher des vertus à l'innovation consiste à comprendre les règles économiques dans la continuité de la notion de valeur au sens matériel et spirituel, et non pas simplement à chercher des innovations qui sont bonnes pour notre vie quotidienne. L'introduction du spirituel dans l'économie se fera par le biais de l'analyse de l'impact des valeurs culturelles sur le développement de l'innovation. *L'homo economicus* est, nous l'avons dit, critiqué de toute part, mais si l'on n'arrive pas à faire le lien entre l'économie qui se fonde sur l'intérêt, et l'économie qui s'inspire des valeurs, on ne pourra pas non plus parler de spirituel dans l'économie. Pour ceux qui se représentent le système économique comme foncièrement malade du fait du jeu des intérêts égoïstes et de ses effets délétères sur l'environnement, l'éthique ne sera jamais qu'un adjuvant, et d'ordre naturel économique il ne peut être question. La thèse que je défends ici est à l'opposé : il existe un ordre naturel économique qui n'est pas fait de nécessité comme l'ordre de la nature mais d'éthique ; plus l'éthique s'exprime dans les relations économiques, plus la société est inclusive et harmonieuse. En affirmant que l'optimum économique ne peut se passer d'éthique, on sous-entend qu'il existe également un optimum spirituel. Il n'y a aucune naïveté à voir dans les mécanismes du marché la trace d'un ordre spirituel. Le marché révèle la rareté en lui fixant un prix mais il ne la crée pas, bien au contraire il contribue à l'atténuer. Un regard spirituel sur le marché n'est donc pas illégitime, mais ce regard a besoin d'être comme purifié par la raison scientifique pour que nos contemporains envisagent sa pertinence au sujet de l'économie. Depuis Adam Smith, bien que cet auteur classique ait écrit une *Théorie des sentiments moraux* avant d'entreprendre la rédaction de *La richesse des nations*, l'intérêt matériel s'oppose à la morale. Le spirituel a ainsi déserté le champ de la science économique à la faveur de la main invisible et de « l'intérêt du boucher ». Le bien commun ne peut désormais se concevoir qu'à la charge des « grands » hommes intègres extérieurs au système économique. La morale exerce son influence sur l'économie mais comme une force extérieure, elle s'oppose donc à l'idée d'un ordre spirituel fondateur. Voilà qui semble paradoxal : la morale opposée au spirituel, mais comme le disait Frédéric Bastiat, n'avons-nous pas trop de grands hommes qui veulent s'occuper d'économie ? La perte de confiance dans un système économique mal compris contribue à l'inflation des réglementations et à la création d'une atmosphère de défiance morale qui inhibe l'innovation. Il faut donc s'assurer que la question économique centrale de la création de richesses est bien comprise et dégagée des jugements de valeurs qui l'enveloppent pour mieux l'étouffer. Sans cet effort de compréhension nous ne pouvons dénouer les liens qui nous mènent aux valeurs, et sans accès aux valeurs, nous ne pouvons accéder au spirituel. Tels les anges de l'échelle de Jacob, nos analyses se doivent de gravir tous les échelons : des échanges matériels jusqu'au ciel des idées.

C'est ce parcours échelonné que je propose dans trois chapitres. J'utiliserai dans cet essai une formulation par métaphores : la mère des coûts, le baron de Münchhausen, la toile cirée, le jardinier, un monde de melons, les roues inversées, … car je crois que les débats économiques se focalisent sur des arguments simples visibles et chargés d'émotion extrêmement difficiles à démonter par des raisonnements supportés par un langage mathématique rigoureux mais abscons. L'avantage va à la simplicité et à l'émotion, ce qui n'est pas une bonne chose. Une métaphore permet de suivre des causalités complexes avec moins d'efforts, tout en faisant comprendre la réalité.

Dans le premier chapitre, j'essaierai de dégager la compréhension des phénomènes économiques des présupposés moralisants, des jugements de valeurs qui généralement se concentrent sur l'aspect visible des phénomènes économiques. Je redonne à l'économie son sens commun d'économiser, mettre de côté, faire mieux avec moins. Ce faisant, je propose de fixer la réflexion non pas sur le capital, mais sur l'innovation. Notre première interrogation portera donc sur l'origine de la richesse : est-elle essentiellement un surplus permis par l'accumulation du capital ou une économie liée à une innovation ? La réponse à cette question devra nous conduire à dédiaboliser le cœur du processus de création de richesse.

L'innovation génère intrinsèquement de l'inégalité, c'est une source de déstabilisation permanente de l'harmonie sociale. Le phénomène semble s'accélérer, c'est l'économie du diable, celle qui se voit. Nous analyserons dans un deuxième chapitre en quoi la croissance liée à l'innovation participe aux inégalités. Mais loin du discours ambiant, nous ferons ressortir par quel mécanisme la rente s'oppose à l'innovation, et en quoi cela change notre perception de l'inégalité. Nous tenterons de mieux cerner les conséquences sociales du processus de création de richesse pour mieux démythifier le discours anxiogène qui accompagne ces évolutions. Nous tenterons également de modifier nos représentations mentales sur ces sujets qui condamnent notre système économique.

Dans un dernier chapitre, nous relierons les lois de la création de valeur matérielle à ce que j'ai appelé les macro-valeurs, c'est à dire les valeurs culturelles qui donnent ou non aux sociétés leur énergie créatrice. Après avoir étudié l'économie du diable dont les effets se voient, nous chercherons les fondamentaux culturels de l'économie qui ne se voient pas. Nous nous servirons du concept d'homéostasie, tiré des sciences naturelles, pour comprendre comment la régulation des sociétés dépend des valeurs culturelles. La confiance, on le sait, appartient au monde de l'économie, or c'est la seule « valeur économique » qui ne soit pas matérielle. De ce fait, elle joue un rôle primordial dans la régulation des sociétés. Elle nous dit aussi que ce qui fait la société innovante c'est sa confiance dans l'avenir. Faire société, c'est se faire confiance, c'est donc accepter des règles d'échange des intérêts, de régulation et de justice. C'est donc considérer le marché en tant que produit culturel. S'aventurer dans le domaine de la culture quand on parle d'économie n'est pas sans risques. L'économie a gagné ses galons de science en abandonnant son attribut de politique. Elle ne s'appelle plus « économie politique » comme au temps de Montchrestien, mais science économique. Les mathématiques s'y sont patiemment imposées contre un discours politique et philosophique qui ne faisait guère avancer la connaissance. Par conséquent, vouloir flirter avec la culture, n'est-ce pas risquer de perdre les acquis d'une pensée rigoureuse ? Je ne le pense pas. Nous verrons qu'un minimum de méthodologie s'impose, et qu'avec le développement de la neuropsychologie, l'économie est mûre pour un rapprochement avec le monde de la culture ; c'est ce que j'appelle purifier le spirituel par la science. Il nous apparaîtra alors clairement que l'économie n'a pas seulement un rapport adjuvant avec les questions morales, au sens où il conviendrait de corriger ses contradictions et trancher dans la lutte des intérêts privés en recourant à la justice sociale inspirée d'équité, mais un rapport fondateur à un ordre qui transcende ses acteurs. Ce sera l'occasion d'ouvrir le débat sur un sujet qui m'est cher en tant que chef d'entreprise : la place que doit jouer l'entreprise dans une reconquête spirituelle nécessaire à notre harmonie sociale.

Chapitre 1
L'économie perturbée par les jugements de valeur

Non, ce n'était pas mieux avant !

Les progrès de l'économie sont soumis à une curieuse limite de l'évaluation rationnelle, car il se trouvera toujours quelqu'un pour dire que de toute façon c'était mieux avant ! En termes économiques, cela signifie que les externalités négatives générées par la croissance par innovation sont supérieures aux gains de la croissance, c'est pourquoi nombreux sont nos concitoyens à penser que l'on vivait mieux avant. Dans leur esprit l'innovation ne peut être que régressive, c'est un oxymore chargé d'émotion. Peut-on rationnellement démontrer l'inverse ? C'est ce que je vais m'efforcer de faire dans cet essai en déroulant une argumentation. Mais au début de ma démonstration, je préfère vous proposer un voyage dans le temps. Si vous jugez que c'était mieux avant, laissez tomber cette lecture car elle devient inutile, et restez dans le passé. Si néanmoins, vous acceptez le dépaysement, faisons le voyage ensemble.

Entrons[9] dans notre vaisseau à remonter le temps et allons chercher des témoignages sur ce que nos ancêtres pensaient de leur époque. Nous tombons sur une première inscription datant de 3 800 av. J.-C, dans le pays de Chaldée, c'est-à-dire dans une région, située entre les cours inférieurs de l'Euphrate et du Tigre. L'écriture est née dans cette région qui donna les royaumes de Sumer et d'Akkad. On ne peut guère aller plus loin dans le temps pour trouver une trace écrite. C'est ce qui donne à cette inscription son caractère exceptionnel, car l'histoire commence à Sumer. Ecoutons à six millénaires de distance ce que nous dit

---

[9] Je tire les informations qui suivent de Johan Norberg, in, « *Non ce n'était pas mieux avant, dix bonnes raisons d'avoir confiance en l'avenir* », Plon, 2017

l'auteur : « Nous sommes arrivés en des temps mauvais, et le monde est devenu très vieux et malfaisant. Les hommes politiques sont très corrompus. Les enfants ne respectent plus leurs parents. ». Certains se rappelleront que Sumer est à l'origine des premiers empires avant même l'Egypte. L'humanité sort de son « âge d'or », celui des petits villages autonomes de la période néolithique où chacun vivait pour sa tribu indépendamment des autorités politiques autocrates. Toujours dans la région du Tigre et de l'Euphrate, six mille ans auparavant, les hommes inventent l'agriculture et partent à la conquête du monde avec, comme seul viatique, l'art de planter des graines. La terre est vierge, le capital naturel semble illimité et gratuit. Au XVIIIe siècle, les robinsonnades sont à la mode. On aime imaginer ce qu'étaient nos ancêtres avant la civilisation. Rousseau prend alors sa plus belle plume et dessine un tableau saisissant du bon sauvage et ce, à l'intention des membres de l'Académie des sciences de Dijon. Avec subtilité et force littérature, il démontre aux académiciens que l'homme des premiers temps n'a pas encore été corrompu par la civilisation car la propriété n'existait pas ! Depuis Rousseau, les petits Français comprennent sur les bancs de l'école que, l'économie des propriétaires étant encore en germe, le bon sauvage demeurait libre et heureux. Vision idéale du génie français ou jugement de valeur perturbateur sur les fondements de l'économie ? Peut-on pousser notre vaisseau un peu plus loin à la veille de la révolution néolithique, soit vers – 10 000 av. J.-C., pour nous assurer de la justesse du récit de notre grand philosophe des Lumières ? Nous n'avons pas d'écrits, cependant, nous avons pris soin d'embarquer dans notre vaisseau Steven Pinker, le célèbre observateur de la violence à travers les civilisations. Steven nous déconseille de sortir du vaisseau, bien nous en prend car notre gloire nationale s'est légèrement trompée sur la vie à la campagne. Il n'y a pas d'État mais de multiples tribus de chasseurs-cueilleurs et on peut voir depuis notre hublot que la violence est partout. Steven nous dit que 15% des chasseurs-cueilleurs succombent à la violence. Comment peut-il le savoir ? Il a pris soin d'analyser sur les sites archéologiques les débris d'ossements, or nous dit-il, il est facile d'identifier ceux qui ont connu une mort brutale, car les os des vivants se brisent comme du verre. On les reconnait à leurs angles aigus et pointus, tandis que ceux des morts se cassent comme de la craie à angle droit. Steven n'est pas du tout d'accord avec Rousseau. Selon lui, le processus de pacification est associé aux premières organisations étatiques de propriétaires terriens. Un début d'État permet d'imposer une autorité qui réduit les luttes constantes entre les communautés. Il observe que le taux de mortalité par mort violente est alors divisé par cinq. Ce taux de mortalité passe à 100 pour 100 000 avec les premières civilisations, soit celle de notre Chaldéen déprimé. En Europe, du XIIIe au XVe, il passe à 40 pour 100 000, et au début de l'époque moderne dans les centres d'urbanisation les plus avancés en matière d'économie de marché et d'alphabétisation, soit en Angleterre et aux Pays-Bas, il tombe à 3 pour 100 000. 15 000 pour 100 000 à l'époque du bon sauvage, 3 pour 100 000 à l'époque du capitalisme sauvage ; bon sauvage ne saurait mentir ! Très bien mais certains de mes passagers objectent que c'était quand même mieux avant les deux guerres mondiales, les guerres en Afghanistan, en Irak et en Syrie. Il n'y a pas besoin de vaisseau, il suffit de regarder la télévision, s'énervent certains ; tout ce voyage ne mène à rien sinon à rejeter l'évidence, sans parler de la bombe atomique et des attentats terroristes ! Je crois qu'à un moment il faut arrêter avec les chiffres. Il y en a des collections qui prouvent que le nombre de morts civils et militaires ne cesse de diminuer mais peu importe, on ne fait pas boire un âne qui n'a pas soif. J'ai comme voyageurs, des gens qui ne sont pas convaincus, et paradoxalement, je pense qu'ils sont la preuve de ce que j'avance. En effet, ils sont profondément marqués par la culture moderne de la non-violence. Pour eux, la violence est tout simplement inacceptable. Que la guerre soit le prolongement de la politique par d'autres moyens, est une sottise bonne pour l'Europe des rois. De fait, plus aucune démocratie ne fait la guerre à une autre démocratie, ou quand cela arrive, cela semble complétement désuet. On se croirait revenu à l'époque où le roi George V, le kaiser Guillaume II et le tsar Nicolas II, tous cousins, réglaient par des guerres leurs problèmes d'égo nationaux. A cet égard, les origines de la première guerre mondiale semblent surréalistes. Aujourd'hui, personne n'accepterait que le général Nivelle envoie à la mort 300 000 jeunes Français pour un résultat aléatoire. Même Monsieur Trump était obligé de tenir compte dans ses calculs guerriers face au tyran Kim Jong-Un des morts civils asiatiques. L'armée française, pendant sa campagne d'Indochine, n'avait pas à se soumettre à de pareils calculs devant l'opinion ; mourait qui devait mourir. C'est ça qui a profondément changé : la sensibilité par rapport à la violence. Cela n'empêche pas totalement les guerres, mais l'opinion publique compte en démocratie ! Alors oui, aujourd'hui du point de vue de la violence, c'est mieux qu'avant, et on peut dire merci à l'État et à la propriété capitaliste ! A ma grande surprise, personne n'est descendu du vaisseau aux époques précédentes. Mais cette bataille gagnée sur le pessimisme n'est pas la victoire définitive. De nombreux sujets sont contestés. Impatients de croiser le fer, mes voyageurs me demandent de vérifier si l'état de la planète était mieux avant.

Nous n'avons pas voyagé très loin dans le temps pour vérifier si l'environnement dans lequel nous vivons s'est amélioré ou s'est dégradé, car ce que veulent savoir mes passagers, c'est en réalité si l'activité humaine a un impact négatif sur notre environnement. Nous sommes partis un peu vite en pensant que la question serait vite réglée ; nous avons oublié de prendre de l'eau pour nous désaltérer. J'ai fait arrêter le vaisseau au milieu du XIXe siècle à Londres en 1849. Nous avons demandé de l'eau en ville. Nous nous sommes adressés à un certain John Snow, médecin à Londres. Celui-ci nous a vivement conseillé de nous orienter vers la compagnie des eaux située en amont de la Tamise. La ville était en pleine épidémie de choléra. Le docteur Snow avait constaté que de nombreux habitants consommant de l'eau provenant de l'aval de la Tamise avaient succombé à l'épidémie. Il comprit, ce qui nous étonne aujourd'hui par son évidence, que les déversements des fosses d'aisance dans la Tamise avaient provoqué l'hécatombe. Nous étions estomaqués par ce manque d'hygiène. Nous bûmes du bout des lèvres l'eau en amont de la Tamise avec une sourde inquiétude. En effet, cette année-là 25 000 Londoniens moururent de la consommation d'une eau impure. Nous décidâmes de ne pas continuer plus loin dans le temps. Nous avions réalisé que depuis que l'humanité vivait sur un mode urbain, le problème des déchets fécaux était une cause majeure de décès. De ce point de vue, la Rome antique ressemblait plus à Calcutta qu'aux images anachroniques véhiculées par l'imagination moderne et aseptisée de Goscinny et Uderzo. Une bonne nouvelle nous attendait à notre retour : nous apprîmes que la proportion de la population ayant accès à une source d'eau améliorée était passée de 52% à 91% entre 1980 et 2015. En conséquence, les décès liés à la diarrhée avaient diminué de 1,5 million en 1990 à 622 000 en 2012. Cette amélioration passait par l'invention des techniques modernes de purification, par des investissements en collecte et retraitement des eaux usées, et par l'éducation à l'hygiène des populations. Ces populations souhaitaient ardemment sortir de leur misère par la croissance économique. Cette expérience avait ébranlé mes voyageurs les plus sceptiques, mais personne n'avait jamais entendu parler d'une telle information, car elle n'appartient pas à nos représentions mentales. Celles-ci sont programmées pour ne sélectionner que des informations inquiétantes. Nous décidâmes de repartir pour Londres, cette fois-ci dans les années 50, pour constater les progrès enregistrés. Nous arrivâmes le vendredi 5 décembre 1952. Des conditions environnementales étranges nous attendaient. Au début, nous ne comprenions pas de quoi il s'agissait. Par prudence, personne ne descendit du vaisseau. La ville était envahie par un épais smog, mélange de fumée et de brouillard. Les Londoniens, à cause du froid, avaient brûlé du charbon pour se réchauffer, mais les vents avaient ramené sur la ville les polluants provenant des usines. Le tout, combiné aux échappements des véhicules, donnait un air irrespirable. Cette fois-ci, ce ne sont pas 25 000 personnes qui moururent mais seulement 12 000 ! Autant vous dire que le vaisseau repartit pour notre époque avec le désir intense de respirer du bon air frais. Nous étions toujours à Londres et nous pûmes respirer à notre guise. En effet de 1970 à 2013, l'émission de composés organiques volatiles avait chuté de 60%, les oxydes d'azotes de 62%, la matière particulaire de 77%, et le dioxyde de soufre de 94%. Après trois siècles de concentration de fumée de toutes sortes, la situation s'était radicalement améliorée. Il semblait clair pour tous que la technologie et la richesse n'étaient pas les obstacles à la durabilité écologique, mais bien plutôt la solution. Au sortir de cette deuxième expérience londonienne, nous fûmes invités par le professeur Kuznets. Il soutenait la théorie suivante :

les courbes de dégradation de l'environnement prennent la forme d'une courbe en U inversé. L'enrichissement d'un pays produit dans un premier temps une dégradation de l'environnement, mais à mesure que le pays s'enrichit, les dégâts écologiques s'inversent. Plus de richesse signifie une meilleure technologie, et donc la possibilité de résoudre des problèmes encore insolubles. En définitive la possibilité que ce soit mieux après !

Les activités humaines, qu'elles rentrent ou non dans un échange de nature économique, sont soumises à la loi de l'évolution, puisque nous n'avons de cesse de repousser les limites. Cet effort pour persévérer dans une direction est propre au vivant. Spinoza l'a nommé dans son « *Éthique* » le conatus : « chaque chose, selon sa puissance d'être, s'efforce de persévérer dans son être[10] ». De ce fait, l'économie peut être comparée à un organisme vivant ayant son essence propre, composé des multiples volontés, désirs, appétits humains pour les limites. En tant qu'organisme, il interfère avec l'environnement, il le transforme, le métabolise pour sa propre fin. Il se réactualise en permanence par l'innovation, car son invariant est paradoxalement son changement permanent. Nous avons été habitués à percevoir l'économie comme un agrégat de données matérielles ordonnées à un équilibre. C'est précisément l'inverse. L'économie n'est pas un agrégat statistique, mais un organisme vivant en déséquilibre permanent. Car le contraire de l'évolution s'appelle l'involution, soit le chemin vers l'équilibre, que l'on caractérise en physique par le concept d'entropie : cet état d'équilibre d'un organisme mort. L'économie n'est donc pas une force mortifère qui détruit l'environnement, mais une force vivante qui se nourrit de son environnement naturel et culturel. Tout ce qui ralentit l'évolution nous rapproche de la mort de notre civilisation. Et notre civilisation est la civilisation du vivant mieux qu'aucune autre, car elle se nourrit de l'innovation avec une puissance d'être saisissante comme jamais aucune civilisation ne l'avait fait. Son imperfection est son moteur, son essence même qu'elle cherche à dépasser, et c'est également sa force phénoménale ! Des limites qu'elle se donne, elle tire son sens. C'est pourquoi il faut comprendre le péril écologique que

---

[10] Baruch Spinoza, *L'Éthique*, Partie trois, proposition VI.

court notre planète comme un phénomène de notre civilisation, soit un défi nécessaire à son amélioration, et non une possibilité accessoire. C'est encore moins une condamnation inconséquente. En effet, au lieu de vouloir arrêter le temps et de se dire que tout était mieux avant, ce qui participe de l'involution et n'apporte aucune solution, il est absolument nécessaire d'intégrer le défi écologique dans notre effort, pour être mieux ce que nous sommes !

Écologisme versus transhumanisme

L'écologisme est un produit dérivé de l'écologie. Il se caractérise par une pensée négative sur la croissance économique considérée comme le principal facteur de destruction de la planète. La croissance est assimilée au capitalisme, système honni car inégalitaire. Celui-ci contient sa contradiction dans la destruction des ressources qui entretiennent la croissance. L'innovation est détournée au profit du capitalisme, système non seulement immoral mais prédateur. C'est pourquoi l'écologisme développe une vision collapsiste de l'avenir. Le système complexe de l'économie moderne est en réalité fragile, car en épuisant les ressources naturelles, il court à sa perte. Comme rien ne l'a préparé à la simplicité de l'autarcie salvatrice, il faut s'attendre à de grandes catastrophes sociales. L'effondrement qui n'est pas advenu par le marxisme, ni par la démographie exponentielle redoutée par Malthus, ni par l'extinction des ressources naturelles[11] prévue par le club de Rome, adviendra quand même par le réchauffement climatique. C'est désormais une certitude. Il n'y a qu'une solution pour échapper au drame qui s'annonce : en finir avec la croissance et avec ce système pourri qui nous mène à l'abime. Cette vision apocalyptique a trouvé sa Babylone dans l'économie capitaliste mais n'a pas de Jérusalem céleste bien claire. Il y a dans l'écologisme une condamnation morale du système, mais pas de véritable projet

[11] C'était l'inspiration première du rapport du Club de Rome sur les limites de la croissance dans les années 70.

alternatif, car le socialisme ne fait plus rêver, et l'inspiration hippie des années soixante n'a pas vraiment fait preuve de son efficacité. La dénonciation est virulente, mais les expériences socio-économiques alternatives peinent à convaincre. On veut bien payer plus cher ses carottes bio mais on n'est pas prêt à renoncer à son salaire et à ses vacances en avion *low cost*. Reste que l'écologisme prospère sur la perte de sens d'une société productiviste manquant d'objectif collectif. Un individualisme consumériste et égoïste ne peut que provoquer son contraire, soit un collectivisme frugal et égalitaire. Les cultures européennes plus sensibles au principe d'égalité et à l'idéologie anticapitaliste sont en train de l'adopter massivement. Mais de l'autre côté de l'Atlantique nord, où l'idéologie anticapitaliste est moins prégnante, on valorise toujours la réussite au nom de la liberté individuelle. Là-bas, le mouvement hippie, épris de liberté, a muté en transhumanisme. Il s'agit désormais de changer l'humanité en augmentant ses capacités cognitives et physiques ; les drogues hallucinogènes destinées à doper les émotions ont cédé le pas à la science sous toutes ses formes nano, neuro, info, bio...C'est que les transhumanistes n'ont pas pour projet de vivre une hallucination ! Pourtant, le projet est hallucinant, car c'est désormais la mort qui est visée, pas celle de Dieu comme le pensait Nietzsche, mais bien celle des hommes du XXIe siècle : la mort doit mourir. Le transhumanisme a pour projet de libérer chaque individu de sa finitude et bien sûr il compte résolument sur les innovations technologiques pour y parvenir. Pour le transhumanisme, le sens de la vie c'est tout simplement de ne pas mourir. L'énergie du vivant sous-tend cette idéologie mais la dimension relationnelle y a été minorée. Certes, l'individu a plus de relations par ses réseaux sociaux mais sa véritable vie sociale n'en est pas plus riche. La richesse intérieure est toujours si difficile à dompter, que le transhumanisme n'a pas imaginé l'augmenter par la science.

On voit ce qui oppose ces deux idéologies, mais finalement qu'est-ce qui les rapproche ? L'écologisme refuse la croissance économique par peur de l'effondrement. De ce fait, il s'écarte des valeurs d'innovation, car il n'y voit pas une vertu, mais un vice. Il préfère orienter ses aspirations vers un passé mythique issu de l'inspiration rousseauiste. À l'autre extrême, le transhumanisme se projette dans le futur en s'appuyant résolument vers une société innovante et capitaliste. Toutes deux sont de nouvelles religions : l'une du passé, l'autre de l'avenir. Elles ont un point commun : l'oubli d'une partie de l'homme. Cognition, émotion et conation, soit l'énergie créatrice, sont les trois composantes de l'esprit humain. La conation est attaquée par l'écologisme, car ce dernier bride l'homme dans son désir de transformation de son environnement. L'émotion est ignorée par le transhumanisme à cause d'une vision amputée de la dimension relationnelle constitutive du vivant. Or, c'est l'équilibre entre ces trois dimensions de l'esprit qui est nécessaire pour vivre le présent et s'imaginer un futur incluant toute la diversité humaine. Ces deux idéologies ont un rapport à l'innovation qui ne respecte pas l'épanouissement de l'esprit. C'est pourquoi elles développent les germes d'une société autoritaire.

La réalité factuelle et sa mesure subjective

Steven Pinker, le fameux professeur que nous avons embarqué dans notre voyage dans le temps, a construit dans *Le triomphe des Lumières* une démonstration factuelle des progrès de notre civilisation. Mais le pessimisme des meilleurs esprits se moque des faits bruts. Ce qui compte en définitive, c'est la perception subjective des faits. Or, cette perception est en soi une réalité qui s'oppose à une autre réalité objective. Si je me sens inquiet et pessimiste, vous aurez beau me dire que j'ai tout pour être heureux, je n'en reste pas moins inquiet et pessimiste. C'est un fait pour le pessimiste incontestable. Le raisonnement s'applique évidemment à la situation inverse de l'optimiste. Cela signifie qu'il existe de multiples manières de percevoir la réalité économique. La valeur matérielle est ainsi soumise à la mesure subjective de l'esprit. Qui a raison sur l'appréciation n'est pas la question. Ce qui importe, c'est de prendre conscience de la diversité de la mesure du réel et de sa déconnexion avec la réalité objective.

Nous avons tous fait le constat du pessimisme ambiant. Nous savons que les Français sont censés être les champions mondiaux du pessimisme. Tout ceci conduit à penser que le débat sur le pessimisme et l'optimisme est empreint de subjectivité. Il m'a paru important de fixer le degré d'optimisme et de pessimisme par des chiffres redonnant à ces appréciations subjectives un statut factuel en quelque sorte objectif. L'Institut Think pour la Fabrique Spinoza a réalisé auprès d'un échantillon de 1000 Français [12] une étude sur leur niveau d'optimisme et de pessimisme. Il en ressort que les jeunes de – de 35 ans sont majoritairement optimistes à 61%. La tranche 35-49 ans ne l'est plus qu'à 49%, et les plus de 50 ans n'ont gardé l'optimisme de leur jeunesse que pour 38% d'entre eux. N'est pas Jean d'Ormesson qui veut ! Si l'on regarde la répartition géographique, les habitants des grandes agglomérations de plus de 100 000 habitants sont majoritairement optimistes pour 58% contre 37% pour les villes de 20 000 à 100 000 habitants, mais curieusement le fait d'habiter dans des petites agglomérations de moins de 20 000 habitants fait remonter l'optimisme de 5 points à 42%. Comme si les vertus bucoliques nous préservaient des humeurs des gilets jaunes. Ces chiffres sont à croiser avec les profils sociologiques interrogés. Les cadres, artisans, commerçants, professions libérales, sont optimistes à 75%, mais les intermédiaires, employés, ouvriers ne le sont plus qu'à 45% ; l'autonomie et la responsabilité sont facteurs de satisfaction, preuve que le travail intègre quand il est bien vécu. Les inactifs sont à 49% optimistes, mais nous ne connaissons pas la part de ceux qui ne souhaitent pas travailler, cette part expliquant peut-être un surcroît d'optimisme. Quant aux retraités, avec 31% de taux d'optimisme, ils sont les vrais champions de la déprime nationale. Une société qui vieillit est une société qui a peur de l'avenir. Or, notre société vieillit. Mais le plus préoccupant est que les salariés des grandes entreprises sont nettement moins optimistes à 35% que ceux des TPE pour 65%, les salariés des PME et ETI se situant quant à eux dans un niveau intermédiaire

[12] Âgés de 18 ans et plus, interrogés en ligne du 27 au 29 janvier 2014 selon la méthodologie des quotas. *www.institut-think.com.*

positif à 56%. Le monde du travail dans les grosses organisations, qu'elles soient privées ou publiques (47% d'optimistes), est en crise. On retrouve une certaine forme d'optimisme chez les BAC et BAC PRO, optimistes à 56%, comme les catégories supérieures issues des BAC +5, et des grandes écoles, optimistes à 65%. Les catégories intermédiaires BAC plus 2 et BAC plus 3 à 4, ainsi que les non diplômés, se rejoignent sur des seuils respectivement de 47%, 38% et 46% d'optimistes. Il semble que le niveau de formation ne soit pas la clé d'interprétation de ces chiffres, mais plutôt la capacité à trouver un travail adapté à son profil. Les catégories intermédiaires et les non diplômés étant les plus fragiles de ce point de vue. Enfin, les motifs d'inquiétude cadrent avec notre sujet, car ils sont principalement liés à des causes économiques : le niveau de chômage ou la stagnation de l'économie française, le blocage de l'emploi et l'avenir des jeunes, la perte de compétitivité ou le déclin économique de la France, l'endettement et les déficits publics, le mauvais fonctionnement de son modèle social (retraites, santé, ...) occupent les premiers rangs des motifs de pessimisme. Les causes plus sociétales comme : les affaires politico-économiques, le recul de la puissance et de l'influence de la France dans le monde, la défiance envers les élites et les chefs d'entreprises, le système politico-médiatique et le fonctionnement des journalistes, le recul de son prestige intellectuel et culturel ne viennent qu'en dernière position. La perte de confiance en l'avenir a donc pour première origine des causes économiques que l'on peut retrouver dans les profils professionnels interrogés, plus exposés aux turbulences économiques, mais pas seulement, car les salariés des grands groupes et du public sont les moins exposés alors qu'ils sont largement les plus pessimistes. Il y a donc dans le pessimisme ambiant une dimension non objective, c'est à dire non liée à la prospérité matérielle. J'espère que quand cet essai aura vieilli, les chiffres auront changé pour plus d'optimisme, et que ces derniers seront obsolètes. Mais restera l'idée que notre perception économique est subjective, et que par conséquent, ce décalage avec le réel est un sujet en soi. Ce décalage a trait à notre culture et aux valeurs qu'elle véhicule. Il est symptomatique de représentations mentales sur notre monde économique, dépourvues de vision spirituelle. J'entends bien que les Cassandre ont le sentiment de dénoncer une situation qu'ils ne partagent pas. Mais c'est un peu comme si vous invitiez tous les passagers d'un navire à se positionner sur le même bord de gite pour constater que le bateau chavire et risque de couler. Dans ce cas, le dénonciateur participe au mouvement qu'il dénonce. Le discours est performatif. Il ne peut être dissocié de la réalité observée. Il faut en prendre conscience et réagir en se positionnant sur l'autre bord. Lester cet autre bord d'un poids d'optimisme, c'est aussi faire l'effort de mieux comprendre les phénomènes économiques pour se débarrasser des présupposés négatifs !

L'erreur de Schumpeter : la destruction créatrice

Schumpeter est resté dans la littérature économique comme le penseur de l'économie innovante. On reprend à satiété son expression de « destruction créatrice » pour exprimer le fait que l'innovation est liée à une destruction. Il faut savoir que Schumpeter était extrêmement pessimiste sur le progrès par l'innovation. Il s'attendait à ce que la classe des entrepreneurs disparaisse par une sorte d'endormissement dû à une réussite stérilisante. Il aspirait au socialisme. Je crois que l'inversion dans l'expression de Schumpeter de la réalité du processus de l'innovation montre que sa compréhension du rôle de l'innovation dans l'économie n'était pas aboutie. En effet, aucun secteur économique ne se détruit, si ce n'est sous la pression de l'innovation portée par la concurrence. C'est bien parce qu'une innovation s'introduit dans le circuit économique, qu'une entreprise, un secteur disparaît. Un secteur ne se détruit pas de lui-même pour donner naissance à une innovation. C'est pourtant ce que signifie maladroitement l'expression de Schumpeter. Il aurait donc dû parler de création destructrice et non de destruction créatrice. Cette expression a néanmoins l'intérêt de mettre l'accent sur le côté négatif du processus. Elle doit son succès au biais cognitif provoqué par l'émotion. Le phénomène de destruction de pans entiers de l'économie est une réalité dure pour ceux qui la subissent de plein fouet d'autant qu'elle se produit le plus souvent dans les secteurs où les gens sont les moins formés, et ont par conséquent le plus de mal à se reconvertir. Mais personne ne veut revenir ni à la calèche, ni aux brouettes, ni aux machines à écrire. Quand l'innovation passe, elle finit par tout emporter y compris l'adhésion !

Pourtant Schumpeter lui-même ne croyait pas que le processus d'innovation puisse durer. Ce scepticisme est partagé par tous les économistes qui analysent les « contradictions » du capitalisme et concluent hâtivement à sa chute. On sait que la théorie de la valeur de Marx le conduisait à déduire la fin programmée du capitalisme. En convertissant en capital le butin arraché à la main d'œuvre surexploitée, les capitalistes courraient à leur perte. Que feraient-ils s'ils appauvrissaient les travailleurs au point de ne plus avoir rien à leur vendre ? La paupérisation des masses signait à terme la défaite du capitalisme. On sait moins que Schumpeter aboutissait aux mêmes conclusions. La contradiction qui sous-tend la vision de Schumpeter, c'est précisément la fin du processus innovant. Schumpeter a bien compris que l'innovation transformait la société et que l'entrepreneur par ces initiatives avait un rôle central à jouer dans la diffusion de l'innovation. Mais il croyait que la fonction d'entrepreneur vivrait son crépuscule parce que le processus d'évolution allait s'atrophier par manque d'opportunités d'investissements. Il s'appuyait sur la théorie des occasions d'investissement décroissantes. Cette théorie prévoit notamment que les innovations techniques vont décroître et que les opportunités d'investissement s'offriront au secteur public plutôt qu'au secteur privé[13]. Il annonçait ainsi le socialisme qu'il désirait voir advenir. Le travail y perdrait son caractère innovant et par là-même destructeur, l'autorité centrale prendrait alors le contrôle des moyens de production et régulerait par le monopole la production. L'harmonie sociale serait enfin atteinte par l'égalité socialiste. Le capitalisme peut-il survivre ? s'interroge-t-il doctement dans son essai « *Capitalisme, Socialisme et Démocratie*. » Non, il ne le croit pas, car le processus de

[13] Joseph Schumpeter, *Capitalisme, socialisme et démocratie*, Payot, p.155.

destruction créatrice constitue la donnée fondamentale du capitalisme[14]. Cela signifie qu'à ses yeux la destruction fait plus de mal que la création. C'est pourquoi, rongée de l'intérieur, la civilisation du capitalisme s'épuisera d'elle-même. Son livre ne se veut pas prophétique mais scientifique, pourtant son analyse tient plus de la prophétie. Par un curieux retour des choses, on en a fait le chantre de l'innovation, lui qui en prévoyait le crépuscule. Si l'on s'en tient aux conclusions de son analyse économique, tout est faux chez Schumpeter, mais il faut le reconnaître, ses idées sont largement partagées et sont à la racine du mal qui nous ronge : « Il existe une tendance à l'autodestruction, inhérente au système capitaliste, qui, dans un premier temps, peut prendre la forme d'une tendance au ralentissement du progrès [15] ». Grand maître du paradoxe, Schumpeter pouvait affirmer : « En fin de compte, il n'y a pas tant de différence qu'on pourrait le croire entre dire que la décadence du capitalisme tient au succès de ce régime et dire qu'elle tient à son échec »[16]. Et de conclure, magistral et sûr de lui : « Au demeurant, il n'est guère d'absurdité avancée au sujet du capitalisme qui n'ait trouvé de champion en la personne d'un économiste professionnel [17]». Notre champion de l'innovation ne croyait pas si bien dire !

Comment a-t-on pu faire de Schumpeter le chantre de l'innovation ? Bien qu'incomplet et paradoxal, il lui revient d'avoir le premier développé un discours sur ce sujet. Il a certes usurpé un titre, sans le vouloir, mais la véritable question n'est pas là. La véritable question est celle de la vision que nous projetons sur l'avenir. Manifestement, Schumpeter s'est trompé. Il n'en demeure pas moins que notre analyse économique s'insère dans une vision. Quand celle-ci est largement partagée, elle peut changer la réalité et conduire comme ce fut le cas à une économie socialiste par exemple. L'échec de l'économie socialiste a montré que l'analyse qui la sous-tendait était fausse. De ce fait, une réalité économique essentielle a fini par

[14] *Ibid*, p.117.
[15] *Ibid*, p.230.
[16] *Ibid*, p.220.
[17] *Ibid*, p.196.

s'imposer. Les évidences socialistes de la littérature économique du temps de Schumpeter ont disparu des manuels d'économie. Le planisme dénoncé par Hayek n'a plus beaucoup de défenseurs. C'est un progrès pour la réflexion. Mais nous ne sommes jamais à l'abri de l'émotion que suscitent les souffrances occasionnées par les évolutions économiques : les délocalisations industrielles, le sentiment de déclassement par rapport à la mondialisation, les dégradations environnementales, en un mot les destructions schumpetériennes inspirent les visions de l'avenir. Elles ont leurs traductions politiques plus ou moins populistes et leurs déclinaisons en termes d'analyse économique plus ou moins altermondialistes. Elles alimentent la peur de l'avenir et ont de ce fait un caractère performatif, auto-réalisateur : une société qui doute d'elle-même sera moins innovante. Elle ralentira en son sein le flux d'innovations. Par conséquent, la théorie économique se doit d'intégrer la dimension culturelle et de retracer les liens entre des mesures matérielles de la production et ses arrière-plans culturels faits de craintes ou d'espoirs sur nos possibilités de production, de choix politiques oscillant entre conservatisme et progressisme, de visions sur ce que devrait être notre société, d'institutions plus ou moins ouvertes à l'innovation.

La loi de Say revisitée

L'incompréhension fondamentale des phénomènes économiques, même si elle est partielle chez Schumpeter, prend sa racine dans la manière dont on comprend la création de la richesse. À la vérité, les principaux enjeux économiques de notre société se nouent et se dénouent autour de cette compréhension : la satisfaction au travail, les politiques économiques, le désir de contribuer à l'harmonie de notre société. C'est pourquoi cette question est La question de la science économique : mais au juste comment se crée la richesse ? Et celle-ci qui lui ressemble, mais d'où vient la valeur ?

Un illustre économiste du XIXe siècle, un peu oublié, a formulé une loi que l'on appelle depuis, la loi de Say. Cette loi nous dit que toute offre crée sa propre demande. Elle pose un équilibre entre Y, Yield en anglais qui signifie récolte et représente la production, et R pour le revenu qui représente la demande. Pour Jean Baptiste Say « L'achat d'un produit ne peut être fait qu'avec la valeur d'un autre ». La richesse s'échange contre de la richesse. Un petit point de méthode s'impose tout de suite. La science économique nous propose des égalités qui permettent de mesurer des quantités. C'est nécessaire, mais nous devons en faire bon usage. En effet, trop souvent une confusion s'instaure entre une égalité déterminée par une formule et l'explication d'un phénomène économique. Voyons cela avec la loi de Say. Dans un premier temps, remarquons que cette loi nous explique comment la richesse s'échange mais pas comment elle se crée. Nous en déduisons que le produit de la vente du bien, par le biais des revenus distribués, va alimenter une nouvelle demande. L'offre agit comme une pompe qui lance le circuit ; sans offre le circuit ne peut être amorcé. Nous en concluons, un peu rapidement, que nous avons l'explication de l'origine de la création de la richesse. En réalité, la loi de Say exprime l'idée qu'il existe un équilibre spontané entre la valeur (Y) et sa demande (R), mais cette idée occulte la question de l'origine de la valeur. Les économistes se diviseront entre ceux qui chercheront à démontrer l'équilibre et ceux qui s'empresseront de remettre en cause cet équilibre. La demande se décomposera en consommation, investissement et dépense publique. Le modèle keynésien théorisera, grâce à l'effet multiplicateur, l'influence de la demande sur l'offre. Il faudra attendre la fonction de Cobb Douglas pour exprimer « la récolte » en fonction du stock de capital et du nombre de bras. À n'en pas douter, la valeur est dans la « récolte ». Mais comment la récolte a-t-elle été produite ? C'est l'histoire que je vous propose dans cette version raccourcie du passage d'une économie de cueillette à une économie agricole : « Il était une fois un peuple de chasseurs-cueilleurs. Quand ils s'avisèrent de remplacer la lance par l'arc et les flèches, ils augmentèrent leur richesse en viande, ils dégagèrent alors du temps pour se consacrer à la domestication des animaux et se constituèrent des réserves de viande supplémentaires. Quand les troupeaux ne suffirent plus à assurer la nourriture d'une population croissante et en partie sédentarisée, certaines peuplades changèrent leur vision de l'avenir, et en conséquence adoptèrent l'agriculture. Les réserves de nourriture augmentèrent. Ils dégagèrent alors du temps pour produire des biens matériels. Ils se stabilisèrent dans des réseaux de villages et trouvèrent des occasions d'échanger leurs produits, donnant sans le savoir à la loi de Say son assise. »

La loi de Say n'explique en rien la création de richesse. En effet, nous constatons dans notre histoire que le produit se crée avant de s'échanger. Les chasseurs-cueilleurs s'échangeaient ce dont ils avaient un besoin immédiat en très petite quantité dans le cadre d'une économie de production domestique. Mais notre histoire se termine dans une économie agricole déjà sophistiquée. L'économie du Néolithique a innové en échangeant ce dont les producteurs n'avaient pas un besoin immédiat. Pour être en position d'échanger, ceux-ci étaient passés par différentes étapes d'amélioration de la production : la lance puis l'arc, l'élevage, l'agriculture. Le passage de la situation de chasseur-cueilleur à la situation d'agriculteur a été une innovation culturelle et technologique majeure. Culturelle, car un groupe a dû accepter d'investir dans une récolte future. Ceci n'a été possible que parce qu'une communauté suffisamment unie sous l'égide d'une autorité politique a supporté cet effort, alors que la cueillette se faisait dans l'immédiateté et dans le cadre d'une maisonnée sans pouvoir politique affirmé. Innovation technique également, car le savoir-faire agricole s'acquiert. Autrement dit, avant que Y=R, avant que, pour parler comme Say, ce soit « la production qui ouvre des débouchés aux produits », il faut tout un processus d'innovations qui se traduit par une plus grande facilité à produire et, c'est fondamental, un plus grand désir de produire. En effet les sociétés primitives de chasseurs-cueilleurs n'avaient aucunement la volonté de produire plus que nécessaire à leurs frugaux besoins. On a pu analyser[18] que le temps consacré à la production avoisinait 2h par jour et que les plus productifs restreignaient d'eux-mêmes leur production. L'anthropologue Marshall Sahlins a parlé, non sans provocation, d'âge d'abondance pour cette économie primitive en définissant une

---

[18] Sahlins Marshall, *Âge de pierre âge d'abondance, L'économie des sociétés primitives*, Paris, Folio, 2017, p.73.

société d'abondance comme « une société où tous les besoins matériels des gens sont aisément satisfaits »[19]. Du fait de la frugalité des besoins, ceux-ci ont été aisément satisfaits, et en conséquence les échanges sont restés limités. En revanche, dans des sociétés ayant accepté de produire plus que nécessaire, si A et B sont les futurs biens échangés, c'est la baisse respective des coûts de A et B qui provoquera l'échange. En effet, des biens trop chers à produire dans une économie pauvre sont abandonnés au profit des biens de première nécessité. Dans un premier temps, le circuit économique sera autarcique ou inexistant, ce sont les sociétés primitives de chasseurs-cueilleurs[20]. Dans un deuxième temps, la production se différencie sous l'effet des savoir-faire et permet la baisse de coûts. Ces baisses de coûts sont comme des réserves de valeur qui attendent l'échange pour se révéler. Il est assez remarquable de constater que dans les sociétés de production domestique, l'échange a été bloqué. Les peuples primitifs ont bien compris que se lancer dans la production de richesse au-delà des besoins de base provoquait inévitablement des inégalités entre les membres de la tribu et donc introduisait un germe de déstabilisation de la communauté[21].

Retrouvons notre peuplade. Elle a identifié une demande pour ses produits et va en conséquence modifier son organisation économique et chercher à répondre à cette demande. Cette modification n'est pas neutre, elle change les rapports sociaux en donnant plus de richesse au producteur. Elle introduit des inégalités dans le village. Du côté de la demande, grâce au renforcement du pouvoir politique dans le village, les besoins pour de nouveaux produits destinés à l'élite du village vont augmenter. Ainsi, cette nouvelle demande va favoriser la spécialisation par métier, élargir la spécialisation par sexe, caractéristique d'une économie de production domestique, et

---

[19] *Ibidem*, p.44.

[20] On pourra toujours arguer d'échanges constatés dès *homo sapiens* et rappeler l'existence d'une industrie moustérienne, mais c'est plutôt une confirmation de la présence du savoir-faire technique dans l'échange qu'une infirmation liée à la période plus tardive.

[21] Voir à ce propos l'analyse de Marshall Sahlins in « *Âge de pierre, âge d'abondance* », « l'esprit du don » Chapitre 4. Il développe l'étude de Marcel Mauss sur le don chez les Maori dans un sens plus économique que spirituel.

ouvrir le village à l'échange. Les habitués des plateformes numériques d'échanges y retrouveront le lointain ancêtre de leur business model : un problème de friction dans les échanges résolu par l'apparition d'un marché sécurisé par un tiers, dans notre exemple, le pouvoir politique. Dans un deuxième temps, la production sera donc motivée par le débouché identifié grâce au nouveau circuit de l'échange. Ce débouché est bien une demande qui permet à chacun d'y trouver de la valeur supplémentaire. C'est par l'échange que le produit créé accède au statut de richesse. La plus-value repose sur la mobilité du bien. Elle se crée, car deux parties estiment un bien. Dans notre exemple d'économie domestique, deux biens sont simultanément évalués dans le cadre d'un contrat de troc. Il en ressort que c'est par un accord qui peut prendre la forme d'un contrat se référant à un bien que la valeur additionnelle se crée ; d'où la nécessité d'un droit délimitant et protégeant la propriété. Sinon, pour reprendre l'expression de l'économiste Hernando de Soto, le « capital est mort », L'échange donne la vie à ce capital mort. Il permet au producteur d'ouvrir ses capacités de production à des spécialisations plus larges, il lui donne la possibilité d'accroître sa productivité et ce, dans un cadre politique sécurisant où la propriété n'est pas remise en cause par le vol ou la guerre. C'est par l'échange et les droits de propriété que la productivité peut s'améliorer. Si la productivité s'inscrit dans l'ordre matériel, ses racines que sont l'échange et les droits de propriété, s'inscrivent dans l'ordre culturel. La culture est donc partie intégrante du processus de création de richesse comme le craignaient les sociétés primitives qui ne souhaitaient pas voir bouleverser leur ordre communautaire.

L'appel et le déversement

Pour aller plus loin sur le thème de l'origine de la création de richesse, arrêtons-nous un moment sur la théorie du déversement. Alfred Sauvy (1898,1990), grand économiste et démographe français, s'est essayé à démontrer l'inverse de ce que comprennent la majorité des gens en économie. C'est de cette inversion diabolique qu'il a tiré le titre d'un essai : *L'économie du diable*. Fort heureusement, on en a gardé l'idée de déversement mais ce concept reste à ce jour mal compris. Ce défaut de compréhension produit les mêmes effets « diaboliques » que du temps d'Alfred Sauvy[22]: les vérités de l'économie sont considérées comme fausses et les raisonnements faux sont considérés comme vrais ! Le concept est simple mais il se heurte à l'évidence. J'ai emprunté dans cet essai à Alfred Sauvy l'évidence géocentrique : « C'est le soleil qui tourne autour de la terre, voyons ! Ouvrez les yeux, monsieur, c'est assez visible ! ». Notre auteur s'en désole et constate que : « Aujourd'hui comme hier, les hommes ne croient qu'aux apparences, à la surface, à la partie émergée de l'iceberg[23] ». Je me situe donc sans ambiguïté dans le prolongement de la vision d'Alfred Sauvy et je souhaite contribuer à faire passer son idée clé de déversement.

Le déversement à dire vrai ce n'est pas compliqué. Cela signifie que le revenu des bénéficiaires des innovations augmente par baisse relative du prix. Quand les prix baissent, deux cas sont possibles. Soit le consommateur consomme davantage de biens dont le prix a baissé. Il déverse son supplément de pouvoir d'achat sur le même bien. Sa consommation provoque alors ce que Sauvy nomme un « appel » de la demande à l'offre, soit son surplus de revenu disponible se « déverse » sur d'autres biens dans d'autres secteurs. Le premier cas est celui qui s'est produit pour l'industrie. Les industriels ont alors augmenté leur production et embauché sous l'effet de l'«appel » de la demande. C'est le schéma heureux mais limité des Trente glorieuses car on ne consomme pas indéfiniment des voitures, des télévisions, des appareils photos…

Le second cas, celui du déversement proprement dit, est celui qui correspond à la tendance structurelle de longue durée de l'économie mais, quand il se croise avec la fin du cycle de l'« appel », l'observateur ne retient que la destruction d'emplois : les producteurs ayant saturé la consommation, seul l'effet baisse des coûts et baisse de l'emploi subsiste dans la filière de

---

[22] *L'économie du Diable* a été écrit en 1976

[23] *Ibid*, p. 24.

production. Autrement dit, c'est le soleil qui tourne autour de la terre : les effets bénéfiques du déversement disparaissent du regard de l'observateur, l'augmentation du pouvoir d'achat par baisse des coûts et les invisibles emplois qui sont créés ailleurs passent dans la face obscure de l'économie.

La mer des coûts

La richesse, concept éminemment réaliste, vient d'un processus éminemment abstrait et paradoxal. L'origine de la richesse est abstraite car elle vient de la notion de différence négative : la différence négative des coûts. Elle est paradoxale car elle transforme du moins en plus : moins de travail, moins de matières, moins de capitaux en plus de biens, plus de services, plus d'activités. Cette baisse de coût permet à l'économie réalisée de se traduire par un pouvoir d'achat supplémentaire qui va se déverser, pour utiliser l'expression d'Alfred Sauvy, dans le reste de l'économie. La richesse semble sortie de nulle part, elle est comme en réserve, c'est un gisement dont on ne jauge pas la profondeur. Elle est très différente de l'idée de surplus. En effet, l'idée de surplus nous amène à concevoir un supplément de production par rapport à ce qui existe. On est dans l'ordre du quantitatif supplémentaire, le bétail qui se reproduit, mais pas dans l'innovation. Cette idée vient depuis notre antiquité, du monde agricole qui décidément a beaucoup à nous apprendre sur notre inconscient économique. Ricardo en fait la théorie en introduisant subtilement la notion de rendement décroissant et de rente. Un surplus de terre génère un surplus de récolte moyennant des rendements décroissants. C'est une histoire de bras et de capital. Nous pensons que la richesse vient de plus de bras et de plus de capital et que c'est égal à une demande supplémentaire. Comme certains croient encore dur comme fer que la richesse vient de plus de demande, indépendamment des coûts de production, que c'est simple, qu'il n'y a qu'à augmenter la valeur nominale des salaires et le tour est joué ! C'est se mettre dans la situation de l'Eglise catholique du temps de Galilée qui imposa l'évidence du soleil dans sa rotation autour de la terre. Non, la richesse ne tourne pas autour de la demande ni du capital non plus d'ailleurs ! Il est facile d'observer que tant que la baisse des coûts ne s'est pas produite, la croissance de la production a plafonné. Pour bien me faire comprendre, je vais risquer une métaphore, celle de la marée qui descend.

Imaginez-vous sur une plage de sable fin, ce sable représente la richesse. Vous vous avisez de vouloir augmenter votre richesse, vous pensez naturellement à augmenter la taille de la plage. Comment allez-vous vous y prendre ? Vous allez chercher à faire reculer la dune qui borde la plage, votre effort va devenir de plus en plus intense et au fur et à mesure que la terre se substituera au sable, il faudra bien vous arrêter car le rendement de votre effort sera décroissant pour devenir nul. C'est le phénomène que décrit Ricardo. Il sera impossible d'agrandir la plage en s'attaquant à la bordure côtière. Cette situation est celle de l'humanité avant l'adoption massive des innovations. La richesse croît très légèrement par l'utilisation des ressources naturelles, mais rencontre très vite une limite : la capacité technique disponible. Mais une divine surprise se produit, la marée fait son effet, et la mer se retire, laissant dégager une plage profonde, grouillante de vie. Vous n'imaginiez pas cette vie cachée. La mer qui se retire, ce sont bien sûr les coûts qui baissent sous l'effet de l'adoption de la technologie et de l'échange. La baisse des coûts augmente la richesse, le sable disponible, d'une façon incroyable. La vie qui grouille, ce sont les besoins nouveaux qui apparaissent alors que vous n'en aviez pas la moindre idée. Je pense que le tableau ci-dessous reprenant sur la longue période le taux de croissance de la production mondiale peut aider à visualiser notre métaphore. À partir de 1820, les coûts baissent et la plage de la richesse se découvre.

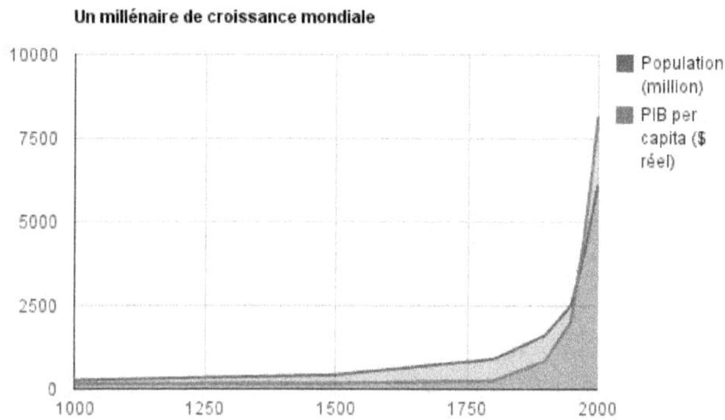

Un millénaire de croissance mondiale, population et PIB, données Nations Unies et Michael Kremer, MIT

Le taux de croissance du PIB mondial était de 0.01% par an pendant les 1 000 premières années de notre ère et de 0.15% par an durant la période 1 000-1 500. À partir de 1 820 le taux d'expansion annuel de la production atteint 1%, notre société devient alors une société d'innovations[24]. Je propose une formulation littéraire assez simple exprimant le lien entre l'innovation et la production de richesse : la baisse des coûts, conséquente à une innovation, fait apparaître des besoins nouveaux solvables. La baisse des coûts de l'offre Y se traduit positivement par une augmentation du revenu de la demande R. Le déversement du pouvoir d'achat supplémentaire stimule l'échange. C'est ainsi que la richesse augmente quand les coûts diminuent. Si nous acceptons l'égalité comptable fondamentale de la loi de Say entre Y et R en y intégrant la baisse des coûts, la « récolte » Y s'exprime désormais par un différentiel de coût et un déversement équivalent de pouvoir d'achat. Le changement fondamental par rapport à la loi de Say est le suivant : nous sommes dans une économie où les rendements ne sont plus décroissants mais illimités, autrement dit nous ne sommes plus sur le sable sec mais sur le sable humide. Cette image nous aide

[24] *L'économie mondiale : statistiques historiques*, Paris, OCDE, 2003.

à comprendre qu'en faisant dépendre la production de la baisse des coûts nous signifions que ce qui se cache derrière Y=R, c'est plus une instabilité perpétuelle engendrée par la baisse des coûts, qu'une économie figée à son point d'équilibre.

Le paradoxe de Münchhausen

Comme dans l'histoire de la poule et de l'œuf on se pose légitimement la question de l'origine de la croissance : est-elle due au capital et au travail qui permettent d'innover ou à l'innovation qui permet d'augmenter le capital et d'économiser le travail ? En admettant qu'il y ait une causalité circulaire du phénomène de la croissance, a-t-on besoin d'y rajouter une explication culturelle ? Y a-t-il la nécessité d'une propriété émergente que les facteurs, capital et travail, ne possèderaient pas et d'une explication autre que technique à l'innovation ? Pour nous aider à mieux comprendre, revenons au sens médiéval de capital qui désigne une tête de bétail. Le bétail est bien sûr une source de richesse. Il a l'avantage de nécessiter peu d'entretien et de se reproduire, on peut donc en obtenir une richesse supplémentaire, un surplus de valeur. C'est tout naturellement qu'il en est venu à désigner la richesse mais également son origine. Le bétail est un stock de richesse mais aussi une potentialité de richesse à venir. Nous en avons conçu une vision endogène de la croissance, oubliant au passage l'importance de l'innovation. Car cette richesse n'est pas seulement une richesse en viande. Les hommes se sont employés à y appliquer leurs savoir-faire pour en obtenir du lait, du cuir, de la laine, du combustible, de l'engrais. Il en a découlé un artisanat et de nombreux produits dérivés qui ont été des marqueurs de cultures plus ou moins sophistiqués. Cette complexité culturelle a créé un environnement dans lequel l'entrepreneur a pu trouver les substrats sur lesquels agir et trouver des débouchés pour ses produits. Les équations économiques qui décrivent la production n'échappent pas à cette confusion entre la richesse et son origine.

Robert Solow a mis en avant le facteur progrès technique en le qualifiant d'exogène, c'est à dire extérieur à l'économie.

L'apparition du progrès technique n'étant pas expliquée par le reste des énoncés économiques, il est considéré comme un « résidu ». C'est ce à quoi la critique s'est efforcée de répondre. Elle est venue d'un autre économiste américain Paul Rome. Celui-ci a donné une réponse endogène à ce facteur technique en insistant sur les rendements d'échelle, le capital humain, le rôle politique et le capital technique. Le progrès technique est-il endogène ou exogène ? S'il est endogène, alors on trouvera une explication dans les agents économiques et les moyens dont ils disposent. S'il est exogène, il faudra aller chercher ailleurs et s'aventurer hors des facteurs économiques car ce sont eux que l'on est censé expliquer. Cette question est essentielle, car elle détermine les fondements de l'analyse économique.

L'explication endogène ressemble à la situation du baron de Münchhausen.

On le voit, dans cette gravure de Gustave Doré, se sortant des sables mouvants ainsi que son cheval, en se soulevant par les cheveux. En effet, si l'innovation est le facteur majeur du développement économique, elle ne peut pas s'expliquer par ces résultats que sont le capital accumulé, les rendements croissants qui en sont une conséquence, ou bien le capital humain dont on se demande d'où vient le financement de la formation. Quant à l'État investisseur dans les infrastructures, où va-t-il chercher lui aussi son financement, sinon dans l'économie ? L'explication endogène se tire par les cheveux pour faire jaillir le cheval de l'économie des sables mouvants de la stagnation.

En termes moins imagés, on sait depuis la démonstration du logicien Gödel que tous les énoncés qui composent une théorie ne peuvent être irréfutables. Ce qui signifie dans notre cas que la fonction de production composée du capital, du travail et de la productivité, que je préfère appeler propension à l'acceptation de l'innovation, a un énoncé indémontrable par les autres énoncés. La croissance du capital et du travail tire son origine de l'innovation, mais celle-ci bien qu'influencée par le travail et le capital, a une autre origine. Car l'innovation se meut dans une autre logique extérieure à la fonction de production. L'énoncé relatif à l'innovation ne peut être déduit des autres axiomes économiques, il a ses propres fondements et ceux-ci sont culturels.

Le prix Nobel d'économie, Edmund Phelps, défend la notion d'innovation endogène. Ce qui semble a priori contradictoire avec notre proposition. Néanmoins, à y regarder de plus près, il fait dépendre ses innovations « endogènes » du développement des idées provoquées par la créativité des acteurs économiques[25]. Il défend le principe d'une force endogène située au sein de l'économie, car sa thèse est d'imputer la croissance à un autre facteur que le progrès scientifique qu'il qualifie par opposition, d'exogène. « Il est fallacieux, nous dit-il, de présenter les inventions comme la force motrice du savoir économique, car cela laisse entendre qu'elles sont des forces exogènes agissant sur l'économie »[26]. Ce qui caractérise l'économie moderne selon lui est son vitalisme, sa créativité, sa capacité à favoriser l'émergence d'innovations. À ce stade de la réflexion, un point sur les définitions s'impose. L'économie mesure les richesses produites d'un point de vue quantitatif et analyse les lois qui régissent ces quantités. Dès le début, la science économique a été conduite à intégrer l'étude des comportements humains

---

[25] Edmund Phelps, *La prospérité de masse*, Odile Jacob économie, Paris, 2017, p.50.
[26] *Ibid.*, p.30.

individuels et collectifs qui concourent à la création de ces richesses. Les passions du temps d'Adam Smith, puis l'intérêt individuel, plus neutre des utilitaristes, a permis de fonder ses analyses sur un principe de rationalité des choix. Une partie des critiques qui lui sont faites repose sur la simplicité du concept comportemental rationaliste. C'est pourquoi, plus récemment, la psychologie cognitive a fortement enrichi l'économie comportementale. Les connaissances relatives à la manière dont les acteurs économiques prennent leurs décisions[27] s'en sont trouvées affinées. On peut considérer que les acteurs économiques sont endogènes à l'économie. Ils font partie du système économique, auquel cas le vitalisme endogène que défend Edmund Phelps se comprend. Endogène semble bien le mot adapté pour qualifier la force qui fait bouger l'économie. Mais le fait d'étudier les comportements humains ouvre un champ très large à l'analyse économique qui, me semble-t-il, déborde largement son domaine. En effet, l'émotion associée aux capacités cognitives y joue un rôle important dans la prise de décision. Nul ne niera que l'émotion soit en lien avec les valeurs partagées par l'individu. Les décisions économiques permettent de choisir entre différentes valeurs. Le processus de décision est donc doublement influencé par les valeurs. La décision économique porte sur la richesse matérielle, mais elle puise aussi l'inspiration de son jugement dans la source culturelle. Or les valeurs, au sens culturel, qui déterminent la conduite sortent du simple cadre des choix économiques. C'est la raison pour laquelle il est légitime de qualifier les valeurs qui influent *in fine* sur les comportements, y compris économiques, d'exogènes. C'est le propos de cet essai de raccorder les comportements économiques aux valeurs culturelles considérées comme exogènes à la sphère économique.

---

[27] Voir à ce sujet les travaux du prix Nobel d'économie, Daniel Kahneman, *Système 1 système 2, les deux vitesses de la pensée,* Clés des champs, 2016.

Capitalisme de rente contre capitalisme d'innovation

La « destruction créatrice » crée un biais cognitif émotionnel qui perturbe l'analyse de la réalité. C'est le principal frein à la compréhension des phénomènes économiques. C'est pourquoi nous avons beaucoup de mal à réaliser que la baisse tendancielle de la part de la production industrielle dans le PIB liée aux économies de productivité est une richesse, de même que la baisse de la part de l'agriculture dans les PIB a représenté une richesse. On voit l'économie réalisée pour son portefeuille et l'on s'en réjouit, on déplore la perte de travail affectée à la production de cette richesse et l'on s'en désole. Mais c'est un raisonnement à courte vue car on ne voit pas que le transfert de rémunération dégagé par l'économie irrigue en permanence, par de multiples canaux qui nous sont inconnus, des activités nouvelles qui donnent lieu à de la création de richesses et à de la création d'emplois : c'est le principe même du déversement phénomène caché à la compréhension du commun. Quand la baisse de coût est introduite dans l'économie, elle ne donne pas tous ses effets immédiatement. C'est la concurrence qui se charge d'en étendre les bienfaits. Dès lors, les profits liés à l'exploitation de cette innovation auront tendance à décroître sous la pression de la concurrence, le bénéfice de l'innovation se déplacera alors de l'entreprise innovante aux entreprises concurrentes pour finir par appartenir à tous les consommateurs. La richesse sera alors partagée par le plus grand nombre, réalisant ainsi une idée communiste à l'issue d'un cycle de production capitaliste. L'absence de concurrence a donc des effets directs sur l'accroissement des inégalités puisque la richesse reste cantonnée dans l'entreprise innovante, et ne bénéficie qu'aux actionnaires et qu'aux salariés. Elle nuit également à l'innovation car les entreprises en situation de monopole préfèrent distribuer des dividendes et utiliser leur argent aux rachats d'actions plutôt qu'aux investissements innovants.

Les économistes schumpétériens, tenants de la croissance par l'innovation, en ont tiré des conclusions opposées. Il leur est apparu que la rente liée à l'innovation étant en diminution du fait de davantage de concurrence sur les marchés, l'incitation à l'innovation et donc à la croissance ne pouvait que se ralentir. Ce pessimisme schumpétérien est cependant contredit par les études empiriques[28]. Au contraire, les études montrent l'existence d'une relation positive entre la concurrence et la croissance. Le taux d'innovation s'accroît au lieu de décliner comme le laisse entendre la théorie schumpétérienne. Philippe Aghion résout la contradiction en introduisant la notion de frontière technologique. Qu'est-ce à dire ? Il y a des sociétés plus ou moins proches de la frontière technologique soit le stade le plus avancé du développement technologique. Celles qui en sont trop éloignées vont se décourager et vont renoncer à innover, celles qui en sont éloignées vont chercher à s'en rapprocher et vont innover, et celles qui sont sur la frontière vont capter et défendre la rente procurée par cette avance, jusqu'à ce qu'elles se fassent rattraper par les nouveaux venus. La concurrence a donc deux effets sur l'innovation : le premier que l'on qualifiera de schumpétérien décourage l'innovation et ralentit la croissance, le deuxième au contraire la stimule. Le capitalisme de rente est donc toujours menacé par le capitalisme d'innovation, gare à celui qui se laisse dériver loin de la frontière technologique !

Il apparaît comme évident que la recherche du profit, dans une économie ouverte à la concurrence, est un mécanisme d'enrichissement collectif, et ce mécanisme est le plus puissant qui ait été inventé pour produire des richesses et de l'activité pour le plus grand nombre. C'est ce que montre clairement le tableau ci-dessous illustrant l'évolution sur la longue durée du PIB par habitant aux États Unis et c'est ce que n'a pas vu Schumpeter.

---

[28] Voir à ce sujet la démonstration de Philippe Aghion in, *Leçons inaugurales du Collège de France, Repenser la croissance économique*, Collège de France/Fayard, 2017, p. 23-31.

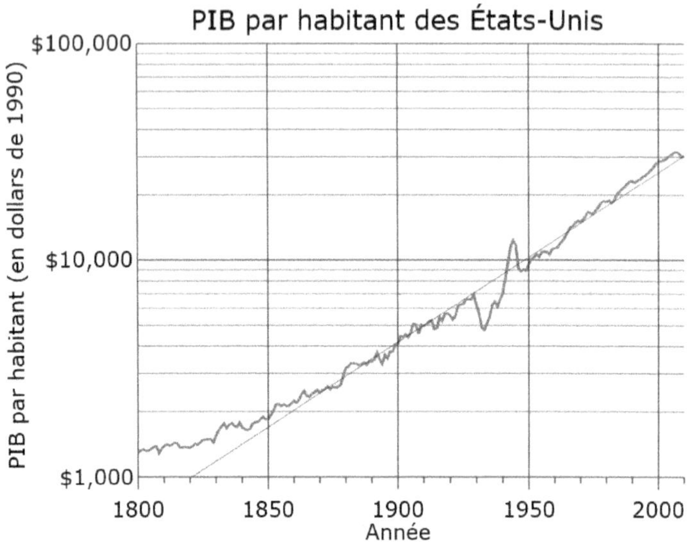

A l'inverse du secteur concurrentiel, les organisations publiques sont bien soumises au phénomène d'innovation schumpetérienne de destruction /création. En effet, les services publics n'ont pour se réformer que la volonté politique, la régulation par l'innovation y étant inopérante. En l'absence de volonté politique, les organisations publiques se détruisent de l'intérieur : les services se détériorent, les personnels en souffrance se mettent en grève, les possibilités de carrières se tarissent, la démotivation gagne. Si les compensations d'enrichissement obtenues par la dette ou les prélèvements atteignent leur limite, la crise ne peut que s'accroître. Il faut attendre que les services se détruisent de l'intérieur pour que de nouveaux services se créent. On voit par ce contre-exemple public que la description schumpetérienne de l'économie ne correspond pas à la réalité économique capitaliste mais qu'en revanche, elle colle parfaitement à l'économie administrée. Valoriser la destruction dans le processus économique est le signe que le système économique capitaliste vit sous le règne de la menace. Cette représentation mentale largement partagée est une erreur qui contribue à la dépression collective. Comme disait Camus qui aimait la précision littéraire : « mal nommer les choses contribue aux malheurs du monde ». Si l'on pouvait substituer à l'expression « destruction créatrice » celle plus précise de « mue créatrice », ce serait un progrès qui marquerait l'adhésion au capitalisme d'innovation ! Le coupable des malheurs du monde n'est pas le capitalisme d'innovation mais la protection de la rente par le défaut de concurrence. C'est une mission éthique que de veiller à protéger l'innovation contre les aspirations à la rente quelles qu'en soient les origines politique, syndicale ou capitaliste. Il y a donc deux défis à relever : celui de la compréhension des processus économiques, et celui plus difficile d'accusation d'amoralisme sinon d'immoralisme des processus économiques qui donne à l'économie son caractère diabolique.

Chapitre 2
L'économie du diable

Innovation et chômage

L'innovation rime avec le chômage. La destruction schumpétérienne a beau être créatrice, elle détruit et l'on n'est jamais trop sûr de pouvoir récupérer son lot d'emplois après la période de « chômage technologique ». J'aimerais pouvoir tordre le cou définitivement à ce raisonnement absurde. Un raisonnement dénoncé en son temps par Frédéric Bastiat sur ce qui se voit au détriment de ce qui ne se voit pas. La dénonciation de l'innovation capitaliste pointe avec pathos les effets immédiats des destructions d'emplois, mais personne ne prend soin de calculer ce que l'augmentation de pouvoir d'achat génère en emplois supplémentaires ce qui, pour être strictement rationnel, devrait être fait systématiquement. Donner la priorité au travail humain sur le capital, donc défendre les travailleurs contre le capital, semble une priorité morale que l'on retrouve d'ailleurs dans la doctrine sociale de l'Église [29]. Ce genre d'affirmation recueille l'assentiment général. Elle est d'autant plus difficile à combattre qu'elle est politiquement correcte.

Le modèle de la toile cirée[30]

Dans notre premier chapitre, nous avons utilisé l'image de la mer qui se retire pour figurer la baisse des coûts. Nous avons traduit cette baisse des coûts par une augmentation de revenus réels. Imaginons maintenant que cette augmentation des revenus

[29] Jean Paul II, Lettre encyclique *Le travail humain*, Cerf, p.44.

[30] J'emprunte cette image en la développant à Bernard Zimmerrn, 2015, in *Anti Piketty Vive le Capital au XXIe siècle !* Libréchange, Nice, p. 83.

soit graduée sur un bâton : 10 de baisse des coûts donnerait un intervalle entre le bout du bâton et l'encoche de 10 cm, 5 de baisse des coûts donnerait un intervalle entre le bout du bâton et l'encoche de 5cm, etc…

Maintenant figurez-vous une table de jardin circulaire avec un trou central pour laisser passer le manche du parasol, étendez une toile cirée sur la surface de la table et passez par-dessous la table, par le trou du parasol, votre bâton de 10 cm. La toile va prendre la forme d'une petite montagne au centre avec comme sommet le bâton et des flancs pentus s'adoucissant vers l'extérieur. Plus on est proche du sommet, plus la pente est forte. Si l'on va à l'extrémité de la table, il n'y a plus de pente, et la toile cirée repose directement sur la table. L'écart entre la toile cirée et la table représente le revenu accumulé du fait de l'innovation. Sa répartition est inégale, plus on est proche du sommet, plus elle est forte. Cette répartition représente bien la distribution statistique des revenus selon une loi de Pareto, les riches sont au centre, les pauvres à l'extérieur. La première conclusion est que l'innovation crée de la richesse, la deuxième est qu'elle se répartit de façon inégale, enfin la troisième est que la proximité avec l'entreprise innovante rend plus riche. À l'endroit où la toile cirée touche la table, il n'y a plus de revenu créé, il n'y a plus non plus d'emploi possible. Il est facile de comprendre avec cette image, que pour augmenter l'emploi, il faut augmenter la taille du bâton autrement dit la pente des revenus, donc l'écart entre le sommet et la table. L'innovation, avant politique de répartition, est donc fondamentalement inégalitaire. Cette pente exprime un concept « Rawlsien » qui consiste à accepter l'enrichissement de l'innovateur tant que le dernier travailleur en profite à la marge. Si l'on veut plus d'emplois, il faut plus de robots comme l'indiquent à l'évidence les bons chiffres de l'emploi dans les pays les plus robotisés. En général, il faut donc plus d'innovations !

Reste le problème du travailleur à la périphérie, celui situé juste avant que la toile ne touche la table. Il dispose certes d'un revenu marginal et d'un emploi, mais celui-ci est-il suffisant pour vivre ? Admettons que le revenu marginal ne soit pas suffisant, trois solutions se présentent : la première consiste à répartir le revenu créé vers le travailleur au revenu marginal pour lui donner un revenu minimum, la seconde consiste à augmenter la taille du bâton pour que le travailleur à la marge ne le soit plus et bénéficie d'un revenu décent, mais cette solution ne fait que décaler le problème car nous avons toujours un revenu marginal insuffisant. La troisième solution, qui n'est pas exclusive d'une combinaison des deux autres, consiste à faire passer des petits bâtons sur les marges. Imaginons pour la commodité de notre démonstration que notre table soit trouée sur tout son plateau. Alors il suffit de faire passer des bâtons de revenu, soit encore d'économie de coût à la périphérie, et notre travailleur retrouve du revenu. Ces bâtons à la marge, c'est exactement ce qu'apporte la digitalisation de l'économie par la création des plateformes. J'entends bien entendu les objections et les cris d'orfraie sur les conditions sociales de ces nouveaux emplois. Mais il me semble que l'économie que nous avons à construire va passer par une répartition des gains de productivité à la marge extérieure des activités exercées. C'est une excellente nouvelle que la technologie nous permette de redonner à chacun la possibilité d'exercer un métier dégageant de la valeur ajoutée indépendamment des investissements colossaux nécessaires à la création d'une plateforme. Il y a comme un retour en arrière au temps de la conquête néolithique. La nature était encore généreuse, chacun disposait de la possibilité d'exploiter une parcelle de terre disponible. C'est ainsi que la révolution néolithique est partie du Levant pour gagner l'Europe au rythme d'un kilomètre par an. Les hommes ont décalé très progressivement leurs activités vers les terres encore disponibles. Le capital était librement accessible. Ce que la nouvelle technologie est en train de nous proposer, c'est la possibilité d'exercer notre travail avec du capital technologique facilement accessible et producteur de revenus. Mais, contrairement à la révolution néolithique, le progrès ne va pas avancer d'un kilomètre par an. Si nos concitoyens ainsi que les politiques qui les représentent et font les lois comprennent la nature positive de cette révolution digitale, nous pourrons en quelques années augmenter les rémunérations à la marge en permettant à des personnes de mobiliser leur micro-capital pour produire mieux. Ceci nécessite de repenser le futur de l'économie en nous libérant de l'histoire économique du passé, ce qui signifie concrètement éviter d'appliquer les anciennes réglementations aux innovations digitales. Par exemple, quand les chauffeurs Uber accèdent à un travail valorisant socialement, soit on s'en scandalise et l'on imagine une réglementation pour les bloquer, généralement sous forme de péage réglementaire ; soit on réfléchit à la meilleure façon de leur assurer une rémunération et une couverture sociale décente. Sur une course de 20 € l'État prend 10% de TVA, et les plateformes entre 25% et 15% sur la base hors taxe, les régimes sociaux 45% sur ce qui reste après les frais. Qu'est-ce qui a changé depuis le Moyen Âge ? Le petit paysan était taillable et corvéable à merci, il devait remercier son seigneur de sa protection, tout comme aujourd'hui le chauffeur doit dire merci aux organismes publics qui le sauvent de sa précarité ! Nous pouvons créer des emplois aux extrémités de la table, mais il faut que les réductions de coûts permises par les plateformes digitales ne soient pas absorbées par une charge trop écrasante - ce que ne permet toujours pas le doublement des seuils de la micro-entreprise[31]- et que l'environnement réglementaire extérieur ne leur impose pas un rythme de développement digne du Néolithique. Malheureusement le diable veille. Il est là pour présenter un tout autre tableau de la révolution digitale et beaucoup se laissent tromper ! Pour ce qui est de l'emploi, l'innovation pure ne détruit globalement pas d'emplois nets, sinon nous n'aurions pas 10 millions d'emplois de plus qu'au début du XXe siècle, mais 10 millions de moins.

Le retour d'Aristote

Aristote distinguait la chrématistique de l'économie. Cette vieille distinction a la capacité de nous faire comprendre ce qui ne va pas dans la représentation que nous nous faisons de l'économie. Mais qu'est-ce que la chrématistique ? La chrématistique est pour Aristote l'art d'acquérir des richesses, or curieusement ce concept ne correspond pas dans notre

[31] Du fait de la non-déductibilité des charges d'exploitation, la base de taxation des charges sociales reste élevée bien que le taux soit modéré, 23%.

vocabulaire à l'économie. Pourquoi le mot chrématistique qui correspond à la définition de l'économie a-t-il été abandonné au profit du mot « économie » ? On sait qu'en grec c'est l'*oikos* qui est étymologiquement à l'origine du mot économie. L'*oikos* renvoie à la famille élargie, la maisonnée qu'il faut approvisionner par l'art de la chrématistique. Symptomatiquement, nous avons vidé l'économie de sa dimension communautaire pour lui substituer le moyen de subsistance, à savoir la chrématistique ; je vois dans cette substitution de sens une invitation à reconsidérer ce que devrait être l'entreprise, soit une communauté de vie destinée à la fabrication de richesses et non pas seulement un moyen de fabriquer de la richesse. Le thème de la mission de l'entreprise est devenu à la mode, il reprend en fait cette vieille distinction mise en avant par Aristote. Pour Aristote, il y a deux façons de s'enrichir : soit pour la nécessité de l'*oikos,* soit pour le désir d'accumuler en vue d'un pouvoir ou pour le prestige de la richesse. Dans l'esprit du Stagirite, l'accumulation de la monnaie est contre nature. La chrématistique ne peut se donner elle-même comme but, car le surplus est une captation caractéristique d'une économie extractive où quelques-uns s'enrichissent au détriment des autres. Ce qui est naturel, c'est l'équilibre de la communauté. Il revient à la politique d'organiser et de maintenir l'état d'amitié entre les citoyens en en faisant les bénéficiaires de la richesse. Aristote joue pour nous, à travers les siècles, le rôle de lanceur d'alerte sur les effets néfastes du désir d'enrichissement par le cumul de la monnaie. Mais ce qui a fait perdre définitivement à la chrématistique son sens originel de création de richesse, c'est, pour Aristote, le constat que le pouvoir acquis par la richesse corrompt. La chrématistique entretient une double relation à la richesse et au pouvoir : elle sert les intérêts de la communauté, mais dans sa déviance, elle sert le pouvoir. Ce dernier aspect a fait perdre à la chrématistique sa puissance expressive, trop connotée négativement. Le temps lui a préféré l'*oikos* pour exprimer la création de richesse en lien avec une communauté. Aujourd'hui, il arrive à l'économie ce qui est arrivé autrefois à la chrématistique. Elle s'est diabolisée en s'identifiant à un système de création de richesse inégalitaire. Il est temps de revenir à la communauté, moyen et but de la création de richesses, mais ce retour ne peut pas se faire en se méprenant sur les lois économiques.

Nous avons traité ci-dessus du désir d'enrichissement qui motive en permanence les acteurs économiques et politiques. Nous en avons souligné les effets déstabilisateurs sur l'organisation sociale. Il revient au pouvoir politique d'avoir abusé de sa position pour capter la richesse à son profit. C'est pourquoi le XIXe siècle a vécu le marché comme bon en réaction à la corruption politique. Le magasin du Bon Marché tire son nom de cette vertu libératrice du marché par rapport au pouvoir politique accapareur. Il y a comme une perte de mémoire immédiate, à l'échelle de l'histoire, à considérer que la richesse issue de l'économie de marché est l'origine des travers de notre époque. C'est oublier cette longue période où la richesse et le pouvoir politique ne faisaient qu'un, c'était alors le règne de la mauvaise chrématistique dénoncée par Aristote. Or, c'est le marché appuyé sur le bras de la financiarisation qui précisément nous a libérés de cette économie extractive, où le pouvoir utilisait sa force de contrainte pour capter, au profit d'une petite caste, la richesse. Quand l'art de créer de la richesse est devenu inclusif, c'est-à-dire ouvert au plus grand nombre, sans que la propriété du travail ne soit extraite de force par un pouvoir politique, mais partagée par le biais d'un marché financiarisé, alors les hommes ont pu commencer à jouir des richesses matérielles dans des proportions alors inconnues. C'est pourquoi il faut affirmer, contrairement à des considérations sociales vagues, que le marché et la financiarisation sont un progrès d'ordre éthique. Tirons complétement au clair les principes généraux ou moraux sur lesquels on s'appuie[32] pour justifier l'interventionnisme politique. Il n'est nullement vrai que la recherche de l'intérêt individuel soit la marque de l'égoïsme, car il n'est nullement démontré que l'échange des intérêts ne soit pas le meilleur moyen de respecter les efforts de chacun. Nul ne peut dire que le « pacte » public confère aux politiques la meilleure capacité de décider des choix économiques. Il n'est nullement correct de croire que les mutations économiques seront mieux régulées par

[32] Je m'inspire de l'anaphore de Keynes que l'on trouvera dans son *Essai sur la monnaie et l'économie,* « la fin du laissez-faire », Payot, 1971, p.117.

les représentants de ceux qui les subissent. Il n'est pas vrai non plus que l'intérêt général serait l'apanage d'une classe éclairée. Mais il est vrai de dire que l'intérêt général ne peut se concevoir sans l'épanouissement des individus.

L'expérience démontre que l'apprentissage de la vie en société passe par l'échange et le respect des avantages individuels. Le marché est donc une instance de régulation œuvrant à l'intérêt général. Or cette régulation n'est possible que parce qu'elle est garantie par une construction politique. C'est ainsi que les premières foires sont un phénomène terrestre lié à l'insécurité des voies de communication notamment maritimes. C'est donc un bien public, la sécurité des échanges, qui est à l'origine du marché et non un principe de liberté débridée. Mais le diable qui s'y entend susurre à l'oreille des politiques, au nom de l'intérêt général bien sûr, de réguler les échanges alors que le marché les régule déjà. Ce faisant, en intervenant à la place du marché, les autorités publiques en réalité dérèglent les échanges et la chaîne de valeurs qui s'organise autour du prix réel de marché. Elles interviennent à mauvais escient sur ce qu'on voit et ne s'attardent pas sur ce que l'on ne voit pas : on voit un prix bloqué pour satisfaire le consommateur ou le producteur électeur, on ne voit pas une offre qui se détériore. La puissance publique a toute sa place pour sécuriser et optimiser l'échange, la production, la consommation. Elle doit aussi se charger d'amortir les externalités négatives sociales et environnementales. Elle doit cependant se garder de la tentation de bloquer les évolutions douloureuses de l'économie, car en bloquant le processus de création de richesses, elle interdit la mue créatrice. Ce faisant, elle met le doigt dans un rouage dangereux qui conduit le plus grand nombre à l'appauvrissement dont on ne peut sortir que par des crises douloureuses ou un lent décrochage de l'économie. Il reste donc vrai que c'est par le respect des intérêts privés que les hommes apprennent à mieux vivre en société. Il n'y a pas de déformation perverse de l'individualisme par l'exaltation du marché comme les critiques du système se le représentent sous l'influence abusive de l'indignation. Le marché n'est pas le vice, la finance n'est pas le crime. En revanche, le monopole et l'impôt ont des affidés qui pourraient très bien remplacer le vice de Monsieur de Talleyrand et le crime de Monsieur Fouché. Le

Panthéon des grands hommes qui veulent le bien des individus contre ceux-ci, ne manque pas de figures qui feraient parfaitement l'affaire. On les trouve du côté du pouvoir tyrannique et de la pensée collectiviste. Ils sont à l'origine ou à la tête d'institutions politiques extractives. Pour ceux qui défendent la liberté d'entreprendre contre le monopole au nom de la liberté générale, leur grande masse les inclut dans l'anonymat. Il serait temps que les tenants de l'interventionnisme « régulateur », que j'ai qualifié de ptoléméens, se hissent au niveau d'Aristote et reconnaissent les nuisances qu'apportent les politiques extractives à l'économie.

Achevons notre réflexion en rappelant que les acteurs échangeant autour d'un marché ne sont pas les seuls à être concernés par la chrématistique de notre cher Aristote. Qu'en est-il des organisations qui dépendent du pouvoir politique ? Les organisations qui ne sont pas ou peu soumises à la pression de la concurrence nourrissent en leur sein des comportements influencés par le désir de richesse. Or, comme ces organisations ne sont pas destinées à créer de la richesse, elles reçoivent leur récompense de la conservation des richesses à distribuer. C'est un monde de situations et de hiérarchie rétif à l'innovation puisque celle-ci, quand elle pénètre dans l'organisation, n'apporte pas de richesse, mais seulement du changement. Les organisations publiques ou parapubliques sont ainsi soumises à l'influence du désir d'enrichissement, au même titre que les organisations privées, mais leurs possibilités d'y répondre se traduisent par plus de prélèvement sur l'économie ou sur l'avenir, soit plus de dettes. Si le marché a ses dérives, l'État peut être assimilé à une fiction où tout le monde s'efforcerait de vivre aux dépens de tout le monde[33]. C'est pourquoi, la chrématistique aristotélicienne explique assez bien la crise de 2008 où le désir d'enrichissement du marché s'est épanoui dans les subprimes jusqu'à ce que la bulle spéculative, en explosant, vienne ébranler le financement des États les plus mal gérés, c'est à dire les plus interventionnistes et extractifs. En fabricant du déficit, les États sont acculés à vendre aux marchés financiers des obligations. Les marchés les transforment alors en richesse spéculative pour

[33] On reconnaîtra la citation due à Fréderic Bastiat.

produire le cocktail explosif de la crise. C'est au fond un même désir d'enrichissement dépassant les possibilités de l'économie réelle qui est la cause de ce doublé. En deux coups, la crise touchait les dettes privées et les dettes publiques. Un « coup du roi » financier qui a laissé les partisans du libéralisme et du socialisme convaincus des déviances de l'autre camp.

L'absence d'innovation dans la sphère publique génère des externalités négatives, outre les déséquilibres financiers, la notion même d'intérêt général est attaquée. Privées de la pression concurrentielle, les organisations publiques dépendent pour leurs adaptations du seul pouvoir politique. La destruction schumpetérienne, comme nous l'avons indiqué dans notre premier chapitre, y précède la création, de sorte que la réforme publique n'est que douleur ! En attendant la réforme, les « producteurs » de services publics perdent confiance dans leur travail et incriminent le manque de ressources nécessaires à leur bon fonctionnement. Les utilisateurs des services se plaignent de la qualité de ceux-ci. Une grave dysharmonie s'installe dans la société, la défiance à l'égard des représentants de l'intérêt général s'installe, l'aspiration au service public s'estompe, les positions se raidissent, chacun pense que l'autre a pris la richesse !

Qui a pris la richesse ?

Avec *Le capital au XXIème siècle*, Thomas Piketty a touché un point sensible aux États-Unis : la croissance des inégalités et le sentiment d'appauvrissement des classes moyennes. Piketty attribue la croissance des inégalités à la formule $r>g$. r y représente le rendement moyen du capital et g le taux de croissance de l'économie. Le rendement du capital étant constamment supérieur au taux de croissance de l'économie, il en résulte que l'accumulation du capital est plus rapide que la croissance de l'économie. Les capitalistes étant de plus en plus riches, les inégalités ne peuvent que s'accroître inexorablement. L'analyse économique la plus ardue a rencontré de façon inattendue l'angoisse d'une société fragilisée. Devant l'ampleur du succès, la critique est-elle encore possible ? Je propose une fable contre 950 pages d'analyses serrées.

Il était une fois un jardinier. En commençant sa journée, il prit sa plus petite pelle pour amonceler de la terre sur un monticule destiné à protéger le jardin des mauvais vents. Chaque pelletée supplémentaire de terre accroissait lentement la taille du monticule. Revigoré par les premiers rayons de soleil de la matinée, il décida de changer de pelle. Avec une pelle plus grande, la pelletée arrachait plus de terre au sol. Le monticule croissait donc en raison de la plus grande taille de la pelle. Il se prit à rêver, imaginant que, si son épargne était comparable à la quantité de terre dans la pelle, son bas de laine pouvait être comparé au monticule. Le raisonnement qui alimentait sa rêverie était que plus sa pelle serait grande, plus son épargne serait grande, et plus son capital augmenterait. Il comprit que la croissance de la pelle avait un rapport convergent avec la croissance du monticule. Il changea à nouveau pour une pelle plus grande. Si nous assimilons la quantité de terre par pelletée à l'épargne, et la taille de la pelle à la taille de l'économie, nous comprenons que la croissance de l'épargne dépend de la croissance de l'économie. Retournons dans notre jardin. Le jardinier a décidé de répartir une partie du contenu de la pelle sur le monticule et une autre à la l'enrichissement des plantes. La croissance du monticule est toujours en relation avec la taille de la pelle, mais la terre accumulée est systématiquement inférieure à la pelletée initiale. En langage économique, cela signifie que l'épargne ne peut être qu'inférieure à la somme des revenus car une partie des revenus est consommée. Pour autant, est-ce que le lien entre la taille de la pelle et la terre accumulée est rompu ? Comme le jardinier, nous comprenons que la croissance de la terre accumulée se ralentit avec l'utilisation de la terre destinée aux fleurs. Ayant fait ces observations, notre jardinier se dit que certes, il utilisait de la terre pour ses plantes, mais qu'en définitive, la croissance de son monticule dépendait toujours de la taille de la pelle. En termes économiques, cela signifie que la croissance du capital est fonction de la croissance de l'économie. Il y a donc un rapport constant entre le capital et les revenus de l'économie. Piketty estime que la totalité du patrimoine aux États-Unis représente trois années de revenu national contre sept en Europe[34] . Ce constat est paradoxal et contre intuitif car le pays du capitalisme roi est celui où l'accumulation du capital par rapport aux revenus est le plus faible. Nous reviendrons sur cette étrangeté lourde de sens, mais ce que veut nous démontrer Piketty, c'est l'importance d'une loi qui établit des relations économiques à partir du travail de notre jardinier.

La variation du taux d'épargne peut induire une divergence des taux de croissance du capital et de l'économie, mais une fois l'ajustement réalisé, le rapport entre le capital et les revenus se stabilise. Le rapport capital/revenu (K/Y) serait donc relié au taux d'épargne du pays (s) et au taux de croissance (g) de son revenu national ce qui donne la formule $K/Y = s/g$, ou $\beta=s/g$, ce que Piketty nomme la deuxième loi fondamentale du capitalisme. Nous avons comme dans la loi de Say, une égalité qui précise des rapports quantitatifs et ça ressemble à une explication de la croissance du capital.

Mais fatigué par ses réflexions, comme le soleil montait, notre jardinier s'allongea à l'ombre dans un coin du jardin pour faire une sieste. Il fit un rêve merveilleux où il imaginait que sa pelle était enserrée dans un bras mécanique activé par une force redoutable. Assis en conducteur de pelleteuse, son petit monticule patiemment accumulé devenait soudain ridicule devant l'énormité de la terre arrachée au sol par sa super pelle mécanique. Le rendement de la pelletée augmentait de façon incroyable ! En économie c'est ce qui se passe quand un entrepreneur innove et découvre un nouveau modèle économique. Le nouveau revenu dégagé augmente et par conséquent le capital augmente également. On constate que le supplément de terre accumulé n'a pas son origine dans l'augmentation du taux d'épargne, mais dans l'augmentation de la terre collectée avec la pelle, et celle-ci dépend d'une innovation. Par conséquent, la taille de l'économie augmente avec l'innovation et curieusement le rapport K/Y se détériore au profit du revenu.

Laissons notre jardinier et essayons de réfléchir aux rapports entre le rendement du capital accumulé et l'inégalité dénoncée par Piketty. Nous avons parlé de la deuxième loi du capitalisme,

[34] Thomas Piketty, *Le capital au XXIème siècle*, Seuil, Paris, 2013, p.240.

mais quelle est la première loi selon Piketty ? C'est la loi qui établit un lien entre la part des revenus du capital dans le revenu national et le rapport de la seconde loi du capitalisme K/Y. Ce lien est exprimé par *r* qui désigne le rendement moyen du capital. L'équation de la première loi est ainsi écrite : $\alpha = r \times K/Y$ que Piketty synthétise par β, on a ainsi

$$\alpha = r \times \beta$$

Le revenu α provenant du capital est relié au patrimoine β exprimé en années de revenu national par le rendement du capital. Par exemple si β = 600% et *r* =5%, alors α = 30%. Le patrimoine β représente six années de revenu national, avec un rendement du capital de 5% par an, la part du capital dans le revenu national est de 30%. Prenons un exemple plus proche de notre vie quotidienne, et de ce fait plus parlant, celui des revenus d'un appartement. La valeur de l'appartement étant de 600 000 €, le rendement *r* étant de 5%, le loyer annuel α sera de 30 000 €,

5% × 600 000 € =30 000 €

Maintenant imaginons que le rendement *r* baisse à 3%, on a alors deux prix possibles pour l'appartement. Prenons l'hypothèse que le loyer annuel reste le même soit 30 000 €, on a alors un prix d'appartement de 30 000 € / 3% = 1 000 000 €. Cela signifie qu'il faut mobiliser de plus en plus de capital pour dégager un revenu équivalent. Le diable d'Alfred Sauvy, qui s'y connaît pour tromper son monde en matière économique, fait croire à l'observateur qu'il s'enrichit. Le capital du propriétaire augmente mais le pouvoir d'achat en termes de m2 diminue. Dans une économie qui se mesure par l'évolution des coûts, c'est en réalité un appauvrissement.

Prenons maintenant l'hypothèse où le loyer annuel dépend de la valeur de l'appartement soit 600 000 €. On a alors un montant annuel de loyer de 600 000 €/3% = 18 000 €. Le diable, qui a plus d'un tour dans son sac, fait croire que le propriétaire s'est appauvri puisque son loyer a baissé, alors que le locataire et le futur acheteur de cet appartement sont en réalité plus riches en m2 habitables. Est-on plus riche si l'on doit, à surface égale, consacrer 80% de son revenu à se loger ou 20% ? Le diable est habile, il arriverait presque à nous faire croire qu'il faut consacrer 80% de son revenu !

Mais la véritable question qui se pose est pourquoi les conditions de rendement agissent inversement sur la valeur du capital et sur son revenu ? Se peut-il que la formule r>g n'ait pas toujours le même effet ? N'y a-t-il pas un phénomène spéculatif qui conduit à exagérer la valeur du capital par rapport à son rendement, ou un phénomène d'estimation du risque qui conduit à accepter un petit rendement pour un capital sûr ? La première loi fondamentale du capitalisme selon Piketty, $\alpha = r \times \beta$, semble dire que c'est le rendement qui détermine la valeur de l'appartement[35]. Si le propriétaire possède un appartement d'une valeur β il reçoit α, « il faut un capital annuel de 1 000 000 F pour produire une rente annuelle de 50 000 F [36]». Dans ce cas toute baisse des rendements augmente la valeur du capital puisque nous avons vu qu'un rendement qui passe de 5% à 3% donne une valeur d'appartement qui passe de 600 000 € à 1 000 000 €. Nous pouvons en déduire que si le rendement baisse, le capital augmente, et si à l'inverse le rendement augmente, l'épargne issue du capital augmente. Par conséquent, quel que soit le cas de figure, le capitaliste est gagnant. Cela, nous dit Piketty, nous conduit « à la deuxième loi fondamentale du capitalisme, selon laquelle le rapport β d'une société est d'autant plus élevé que son taux d'épargne est important et que son taux de croissance est faible[37] ». Piketty en conclut avec raison que « Dans des sociétés stagnantes, les patrimoines issus du passé prennent naturellement une importance considérable [38] ». En clair, les riches s'enrichissent au détriment des pauvres.

Cette façon de lire la première équation fondamentale du capitalisme prête néanmoins à critique, car que fait-on de notre deuxième cas de figure qui dit que la valeur du capital est déterminée par le revenu qu'il produit ? Tout chef d'entreprise sait que la valeur de sa société dépend de son taux de rendement : si celui-ci est faible, la société a une faible valeur ; si celui-ci est élevé, la valeur de la société sera forte. On a donc, semble-t-il, deux lois économiques qui s'opposent.

---

[35] *Ibid*, p.96.
[36] *Ibid, p.96.*
[37] *Ibid, p.98.*
[38] *Ibid, p.368.*

Rappelez-vous de notre métaphore sur la mer des coûts avec une plage de sable sec et une plage de sable humide. La première loi « fondamentale » du capitalisme décrit une économie de plage de sable sec. Le cas de figure de l'appartement dont la valeur augmente avec la baisse du rendement s'apparente à l'effet richesse spéculative dû au cumul d'anticipations ou à la recherche d'un risque faible. La plage de sable sec signifie que Piketty base son raisonnement sur une économie aux rendements décroissants. Comme on se bat pour un appartement parisien, on se bat pour des m2 de sable sec. Un effet richesse spéculative peut alors valoriser des investissements indépendamment de la perte de rentabilité. Cette inversion de la valorisation du capital produisant une richesse spéculative est aussi caractéristique d'une économie de rente. Les acteurs ne cherchent pas à créer de la richesse par baisse des coûts mais par captation d'une rente. Dans une économie de rente on recherche le monopole, la stabilité, on fuit la concurrence et le risque, on défend une situation, on protège un statut. C'est typique de l'investissement immobilier. À ce sujet, il est intéressant de comprendre comment les gouvernants placent leur argent. Si l'on constate que la totalité du patrimoine des membres d'un gouvernement est investie en biens immobiliers, c'est mauvais signe ! Cela signifie que les responsables politiques font le choix de spéculer sur l'immobilier, soit une économie de rente détériorant les revenus du travail. Revenons au raisonnement de Piketty. Il est juste concernant l'économie de rente, mais il est biaisé car il analyse un système capitaliste de rente, et en attribue les effets à un capitalisme d'innovation. Des cas réels de capitalisme de rente sont pris comme des cas généraux dont il déduit deux lois fondamentales. Ce sont des raisonnements qui oublient le rêve de notre jardinier, autrement dit, qui négligent le facteur innovation. Dès lors, comment concilier la première hypothèse de valorisation qui sous-tend le raisonnement de Piketty et la seconde hypothèse ?

Le rendement de la pelletée du jardinier, avons-nous dit, dépend de la taille de la pelle. Ce qui fonde le principe suivant : le rendement de l'économie dépend de la croissance de l'économie. En conséquence, dans une économie en croissance, le capital de rente diminue à proportion de cette même croissance. Dans nos sociétés innovantes, les riches sont d'abord des entrepreneurs, l'inégalité y est structurelle, mais en augmentant le taux de croissance *g*, ils font baisser la valeur du capital des rentiers. Il s'ensuit que les riches ne s'enrichissent pas au détriment des pauvres comme dans le cas d'une économie de rente ou de sable sec, mais au profit des pauvres et au détriment des riches rentiers.

Dans le cas d'une économie de rente, la part du capital est prise sur le revenu du travail. Quand le désir d'enrichissement ne peut pas se satisfaire des insuffisances de l'économie, il n'y a que par la domination des rapports sociaux ou la violence de la conquête territoriale que le capital peut s'agrandir. À cet égard, l'histoire des empires est une histoire de civilisation agricole étriquée. Du seul point de vue économique, l'échec de la colonisation peut être vu comme une ultime tentative de ce modèle agricole. Bien que naissant, le capitalisme a cru à la fable de la conquête territoriale héritée d'une pensée physiocrate, mais ce fut une impasse. L'histoire du capitalisme d'innovation est caractérisée par la sortie de ce modèle. Dans une économie d'innovation et de droit commercial, le « *doux commerce* » de Montesquieu est une force qui modifie notre richesse plus que ne peuvent le faire la pointe des épées ou la menace des missiles.

Néanmoins, les richesses venant du passé peuvent-elles, pour reprendre la terminologie de Piketty[39], « dévorer l'avenir », c'est à dire « progresser mécaniquement plus vite, sans travailler, que les richesses produites par le travail » ? Pour répondre à cette question, il faut distinguer l'économie de rente de l'économie entrepreneuriale d'innovation. Une économie dont les revenus du capital auraient dévoré les revenus du travail aurait aussi dévoré l'économie dont elle dépend. C'est possible dans une économie de rente extractive[40], mais pas dans une économie d'innovation, car la richesse issue du capital a besoin de gens qui travaillent : des salariés, pour faire fructifier le capital investi dans l'entreprise, de sorte que les revenus du capital d'innovation sont étroitement liés au travail. En tout état de cause, le rendement du

---

[39] *Ibid, p.600.*

[40] Nous préciserons dans notre dernier chapitre cette notion issue des travaux de Daron Ecemoglu et James A. Robinson.

capital dépend de la taille de la pelle. Il est lié à la vigueur de l'économie. Par conséquent, le revenu du capital ne peut pas dépasser ce que produit l'économie.

Le rendement du capital qui participe par l'épargne à la croissance du capital ne peut donc s'emballer pour dépasser durablement la croissance de l'économie comme le craint Piketty[41]. D'ailleurs, le rapport capital/revenu national est faible là où les inégalités sont les plus fortes, c'est-à-dire aux États-Unis selon un ratio de 300%. Le capital national américain est l'équivalent de trois années de revenu national pour six en France. C'est d'autant plus surprenant que le capital français a connu les destructions provoquées par la seconde guerre mondiale, ce qui n'a pas été le cas pour les États–Unis. Or, selon la thèse de Piketty, les ratios devraient être inversés car l'épargne issue du capital accumulé dans le passé devrait dévorer les revenus du travail présent. L'explication de ce paradoxe apparent réside dans la préférence des Français pour un capital de rente au détriment du capital entrepreneurial. En effet, les revenus du capital entrepreneurial liés au travail sont toujours supérieurs aux revenus du capital de rente. Ce n'est donc pas plus de revenu du capital au détriment du revenu national mais plus de revenu national grâce aux revenus du capital entrepreneurial. L'économie américaine qui est plus innovante que l'économie française a donc très logiquement un ratio K/Y inférieur au ratio de l'économie française moins dynamique : précisément l'inverse de ce que démontre Piketty.

S'il y a une guerre dans notre monde, c'est celle de l'innovation contre le capital. Car le capital n'est jamais assuré de son revenu. Son plus grand adversaire s'appelle la concurrence qui vient inexorablement rendre au consommateur le butin de la bataille. Si vous pouviez rentrer dans toutes les réunions qui se déroulent dans les tours de La Défense, vous ne trouveriez que conversations autour du meilleur moyen d'augmenter ou de conserver les clients. Pour rester riche dans notre monde, il faut sans cesse risquer son capital dans l'entreprise. Ceci explique pourquoi, contrairement à la formule « responsable » de la grande fabrique des inégalités r > g, sur les

---

[41] Voir à ce sujet *L'anti-Piketty*. Op. cit.

1% des plus riches américains de 1987, seulement 24% en faisaient encore partie en 2007, 20 ans plus tard[42]. Le meilleur ennemi de la rente capitalistique est le capital-risque. Il manque au raisonnement de Piketty la compréhension de ce phénomène de concurrence entre la rente capitalistique et le capital-risque entrepreneurial. Ce n'est pas le capital qui dévore le revenu mais les revenus du capital-risque qui dévorent le capital de la rente. Comme le diable est habile, il cache à l'observateur cette disparition par un supplément de création de capital : le capital qui augmente est celui des entrepreneurs, celui qui disparaît est celui des rentiers. Le capital qui ne s'investit pas dans l'entreprise est destiné à mourir. Il aura beau augmenter sous l'effet des anticipations spéculatives et des rentes perçues, mais l'impôt et la loi d'airain des générations d'héritiers auront raison de lui. Il n'est pas contestable qu'une société d'entrepreneurs soit une société d'inégalités, mais quand Piketty voit dans son augmentation le retour vers le XIXe siècle balzacien, comprenons qu'il s'est fait berner par le diable d'Alfred Sauvy.

Retrouvons pour une dernière fois notre jardinier et laissons-lui la conclusion car, au fond, ce qui le préoccupait c'était l'avenir de ses enfants. Il pensait au comte du village, et se disait que lui avait résolu le problème du maintien de son capital en imposant le droit d'aînesse à ses héritiers. Il songea alors que les véritables questions étaient de savoir entre combien de personnes se répartirait son capital, si ses enfants pourraient un jour travailler au château, et s'il n'existait pas au-delà du comté, des terres libres à exploiter.

Inégalités de quoi ?

Notre jardinier ne pense-t-il pas comme un homme du XIXe siècle inspiré par la croyance au progrès ? Aux temps extraordinaires de la sortie massive de la misère de plus de six cents millions de Chinois, au lieu d'un formidable mouvement d'optimisme, un terrible doute saisit certains économistes : et si

[42] *L'anti-Piketty*. Op. cit., p.109.

tout cela n'était au fond qu'un système de vases communicants ? La richesse des Chinois ayant comme contrepartie la pauvreté des classes populaires des pays développés. La plus grande égalité mondiale due au rattrapage des pays émergents masquant en réalité la croissance des inégalités dans les pays riches. Les Chinois n'ont-ils tout simplement pas pris la richesse de nos pauvres ? D'ailleurs, les économistes ne le disent-ils pas : un nombre croissant d'hommes est inutile[43], les classes moyennes sont à la dérive, le sentiment de déclassement[44] est partout. Le pauvre, l'inutile, le déclassé sont la même victime des inégalités et les inégalités sont le fruit de notre croissance déréglée. N'y aurait-il pas une maudite loi économique de l'inégalité consubstantielle à une économie d'innovations ?

Les craintes sont au rendez-vous de la mondialisation, c'est le moins que l'on puisse dire ! Comme toujours, la mauvaise compréhension du phénomène de création des richesses conduit à des interprétations erronées selon un raisonnement qui se décline avec cette limpidité diabolique : la croissance des pays émergents détruirait plus d'emplois qu'elle n'en créerait dans les pays développés, car les pays riches exporteraient vers les pays émergents des produits contenant moins d'emplois que ceux détruits par les importations en provenance des pays émergents. Les emplois perdus des délocalisations n'étant pas compensés par les emplois des exportations. Dans ces conditions pour éviter la croissance du chômage dans les pays développés, une seule solution se présenterait, baisser les salaires des travailleurs des secteurs protégés et ce, suffisamment pour que les classes supérieures compétitives consomment leur supplément de revenus vers ces secteurs protégés. En effet, ceux-ci ne consommant pas tous leurs revenus supplémentaires, les prix relatifs des biens et services des secteurs protégés doivent baisser, entraînant dans leur déclin les revenus des travailleurs desdits secteurs. La mondialisation apporterait ainsi déclassement des travailleurs, multiplication des petits boulots et

---

[43] Sur cette thèse, voir Pierre Noël Giraud qui résume bien toutes les peurs de l'époque dans *L'homme inutile, Une économie politique du populisme*, Odile Jacob, Paris, 2017.

[44] Voir sur ce thème, Louis Chauvel, *La spirale du déclassement, Essai sur la société des illusions*, Seuil, 2016.

accroissement des inégalités. Ce discours est extrêmement prégnant dans la société française. Il alimente le pessimisme ambiant et nourrit le populisme, et pas seulement en France, c'est pourquoi il est dangereux. Bien que la réalité ne soit pas ce qui est décrit, ce discours est le nom de quelque chose, d'un phénomène réel, d'une inégalité réelle mais, pour parler comme Amartya Sen, une inégalité de quoi[45] ?

Vers un monde de melons

Je vous propose de visualiser l'évolution des classes sociales des cinquante dernières années en France pour comprendre les grands phénomènes qui remodèlent notre société. Comme les chiffres n'ont pas la vertu descriptive des images, dépassons-les pour des volumes d'effectifs assimilés à des fruits.

TABLEAU 1 - Les classes sociales (effectifs en milliers)

Insee, enquêtes Emploi.

	1962	2009	Variations 2009/1962
Classes supérieures	991	4371	+ 341 %
Classes moyennes	4080	7658	+ 87,7 %
Classes populaires	13887	13497	- 2,8 %

[45] Voir Amartya Sen, *Repenser l'inégalité*, Editions du seuil, 2000.

Classes supérieures

Classes moyennes

Classes populaires

Imaginons maintenant que les effectifs globaux de la population active continuent leur évolution relative, entre classes sociales, sur le même rythme que les cinquante dernières années. Où en serions-nous en 2050 ?

2050

Classes supérieures

Classes moyennes

Classes populaires

Que constatons-nous ? Pour les cinquante dernières années, nous pouvons observer que les effectifs des classes se modifient pour converger[46]. Il y a donc, au niveau des effectifs, un fort mouvement vers une société plus équilibrée et ce, d'abord au profit des classes supérieures, et dans une moindre mesure, des classes moyennes. Les classes moyennes perdant des effectifs dans la catégorie des commerçants artisans, ce qui correspond aux modifications de la distribution et de la production de masse. Les professions intermédiaires quant à elles triplent. Les classes populaires perdent pour leur part des effectifs

[46] Voir à ce sujet, Dominique Goux et Éric Maurin, *Les nouvelles classes moyennes, La république des idées,* Seuil, Annexe, Paris, 2012.

dans la catégorie des ouvriers et des agriculteurs, suivant ainsi les bouleversements des productions agricole et industrielle, mais en gagnent dans la catégorie des employés. La société globalement s'enrichit. Le salaire médian confirme cette évolution.

Salaire médian 2017

Le salaire net annuel médian correspond au salaire net annuel du 5e décile. C'est-à-dire que la moitié de la population étudiée, ici l'ensemble des salariés, gagne plus que la médiane, et l'autre moitié gagne moins. La dernière donnée de salaire médian en 2017 est celle publiée par l'Insee en avril : en 2014, **le salaire net annuel médian en équivalent temps plein s'élève à 21 147 euros**, soit 0,6% de plus qu'en 2013[47].

Pour autant, la convergence des effectifs qui traduit un mouvement de fond vers une société plus équilibrée ne signifie pas que les inégalités n'augmentent pas.

---

47 Sources : www.journaldunet.com/patrimoine/finances-personnelles/1166094-salaire-moyen/#salaire-median

Ecarts de salaires

Suivre l'évolution du rapport entre le 9e décile du salaire net annuel en équivalent temps plein et le 1er décile permet de savoir si l'écart de niveau de salaires se creuse entre les 10% de salariés qui gagnent le plus et les 10% de salariés qui gagnent le moins. En 2014, ce ratio augmente pour la première fois depuis 2011 (+0,03 point). Sur le long terme, la tendance est toutefois à la réduction de ce fossé : en 2014, les 10% de salariés les mieux payés touchent 42 860 euros net par an en moyenne, c'est-à-dire 3,04 fois plus que le premier décile. En 1995, l'écart était de 3,12, avec un salaire net annuel moyen de 29 086 pour le 9e décile contre 9 319 pour le 1er décile[48].

Quand on parle d'augmentation des inégalités, on mesure un écart entre des extrêmes, mais on oublie de regarder ce qui se passe dans le reste des déciles. Comme nous l'avons exprimé avec notre métaphore de la toile cirée, une société d'innovation est foncièrement inégalitaire, l'inégalité par le haut ayant tendance à augmenter fortement avec un capitalisme mondialisé. Les très hauts revenus progressent beaucoup plus vite que la moyenne, entre 1978 et 2015 les 0.001% des plus riches Français ont vu leur revenu avant impôt augmenter de 138% contre 39% pour le

---

48 Sources : www.journaldunet.com/patrimoine/finances-personnelles/1166094-salaire-moyen/#salaire-median

reste de la population. Les revenus des super-riches s'envolent et ce, à proportion de leur position sur le marché du travail et non de leur situation de rentier[49]. Mais cette augmentation n'est pas un jeu à somme nulle, que ce soit à l'intérieur d'un pays ou entre pays. Les Chinois ne prennent pas la richesse des pays développés, les milliardaires ne prennent pas la richesse des classes populaires. L'augmentation des inégalités aux extrêmes cache l'égalisation des proportions des classes.

Dans une société de rentiers, les inégalités sont plus fortes aux extrêmes et les proportions des classes sont également fortement divergentes. Les pays d'Afrique subsaharienne sont les plus inégalitaires à tous points de vue, suivis par l'Asie du Sud, les pays arabes et ceux d'Amérique latine et des Caraïbes[50]. Les riches vivent au détriment des pauvres, le stock de richesse est limité et se répartit de façon inégalitaire. Dans une société d'innovations, la richesse est illimitée. Elle s'alimente par l'initiative des uns au profit de tous, mais de façon inégalitaire et au détriment des rentes statuaires et patrimoniales. C'est une société de mobilité sociale majoritairement ascendante avec une forte sensibilité au déclassement. Le poids du capital y est plus faible que dans une société de rente. Ainsi, contrairement à ce que l'on pense, le ratio capital revenu est aux États-Unis, comme nous l'avons déjà mentionné, de 300 % alors qu'il est de 550% en Europe[51]. Ce ratio est un indicateur du poids du patrimoine de rente dans la richesse et non un indicateur d'inégalité comme on en fait souvent l'usage[52]. Si c'était le cas, les États-Unis qui sont une société fortement inégalitaire auraient, comme nous l'avons vu

[49] Nicolas Duvoux, *Les inégalités sociales,* Que sais-je, p.38.

[50] *Ibid*, p.45-46.

[51] Chiffres de 2010. Piketty parle de 700%, *ibid*, p.240.

[52] M. Piketty fait reposer une partie de sa démonstration d'augmentation des inégalités sur la remontée de ce ratio.

précédemment, un ratio supérieur à celui de l'Europe plus égalitaire. Les revenus dégagés par le capital étant plus forts aux États-Unis, le ratio est logiquement plus faible. Car le capital américain est plus entrepreneurial que rentier. En définitive, on ne peut comparer des sociétés du point de vue de l'inégalité, que si l'on comprend à quelles tendances elles participent. Vont-elles vers un capitalisme de rente ou un capitalisme d'innovation ?

Que devient l'indice de Gini dans un monde de melons ? Rappelons que l'indice de Gini mesure les inégalités de revenus. Il tient compte de l'ensemble des revenus de la population, des plus faibles aux plus élevés. Plus cet indice est proche de zéro, plus on s'approche de l'égalité. Plus il tend vers un, plus l'inégalité est forte.

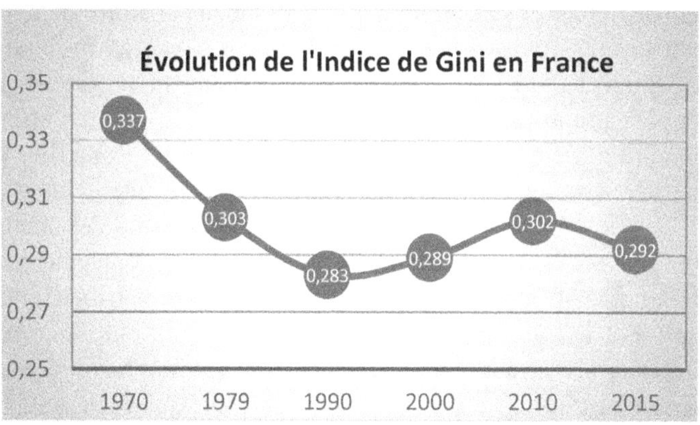

Source : Insee - © Observatoire des inégalités

L'indice de Gini montre que la situation s'est nettement améliorée entre les années 1970 et le début des années 2000, puis elle s'est inversée à partir de 2010. L'indice de Gini est remonté, avec un sommet en 2011 à 0.305. À quoi peut-on attribuer ces évolutions ? Il y a deux phénomènes qui se croisent : le rééquilibrage des effectifs de classe vers plus d'égalité amorcé dans les années 1960, et la poussée des 1% les plus riches au début des années 2000. Autrement dit, les inégalités augmentent par rapport aux très hauts revenus, notamment le centile le plus élevé, mais le phénomène est atténué par l'avènement d'un monde de melons. La politique de redistribution des revenus diminue les inégalités de moitié[53], mais n'est pas à l'origine de l'évolution globale des effectifs de classe. De même, elle ne parvient pas à contrer la stagnation des revenus des 10% les plus pauvres. En 2003, ce revenu moyen des plus pauvres était de 683 €, en 2015 il est à 690 € après des évolutions en dents de scie[54].

Les roues inversées

En économie, nous avons vu que tout revenu est nécessairement dû à un couple de facteurs : le capital et le travail. Mais d'où vient l'accumulation du capital, si ce n'est de l'innovation, qui elle-même est conçue par le travail, lequel ne peut se déployer sans capital ? C'est un peu l'histoire de la poule et de l'œuf : qui est à l'origine de l'autre ? Nous savons au moins que pour parvenir à un revenu supérieur, la productivité du couple capital/travail doit s'améliorer. La seule augmentation des facteurs a bien un effet mais il demeure limité. Pour filer notre comparaison du premier chapitre, on reste sur une économie de sable sec. Ce n'est qu'en se mobilisant sur des activités génératrices de baisse des coûts que le capital peut fabriquer de la richesse. Cependant, la richesse créée se distribue entre le capital et le travail. Or, les nouveaux flux de richesses peuvent laisser croire que la classe des salariés s'appauvrit au détriment du capital !

---

[53] www.inegalites.fr/

[54] *Ibid.*

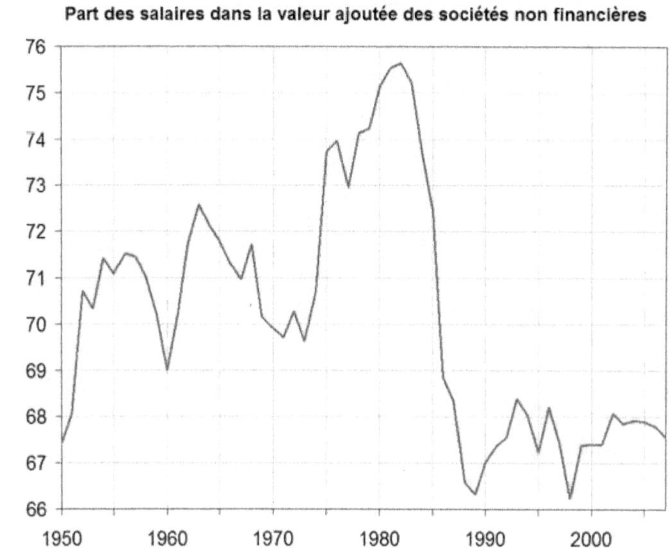

Source
https://wikirouge.net/Part_des_salaires_dans_la_valeur_ajoutée

On s'aperçoit, à la lecture de ce graphique, que la part des salaires dans la valeur ajoutée, après avoir connu un pic en 1982, plonge pour se stabiliser aux alentours de 67 %. Je pense que la plupart d'entre vous en visionnant ces courbes partageront cette interprétation : le capital capte les profits au détriment des salariés ! J'y mets un point d'exclamation car cette évolution sera perçue comme inquiétante, l'indice d'un dérèglement. En réalité, il n'y a aucune logique à tenir ce raisonnement, car ce qui se voit dans le graphique cache ce qui ne se voit pas dans le montant des salaires distribués, et occulte le pouvoir d'achat obtenu par la baisse des coûts. Nous allons pour nous en convaincre observer une situation extrême, singulière mais réelle. Cette fois ci, nous repartons très loin dans le passé en espérant que ce décalage dans le temps nous fera changer de perspective sur la compréhension des phénomènes économiques.

Je vous propose de revenir un peu avant nos cueilleurs-chasseurs du premier chapitre, soit à l'homme de Néandertal. De quoi vit notre premier *homo oeconomicus* ? Il cueille, il pêche, il chasse et pour faire tout cela, il fabrique des outils. Mais sur tous ces plans, il est moins performant que le nouveau venu, cet intrus de Cro-Magnon, le premier *homo sapiens* qui a débarqué voilà cinquante mille ans sur son territoire. Neandertal n'invente pas grand-chose. Il est un peu obtus. Certes, il enterrait ses morts il y a déjà plus de 100 000 ans. Il y déposait même des fleurs. On s'émerveille, on s'interroge, et si on le croisait dans le métro bien habillé, le reconnaîtrait-on ? Admettons au moins que de la famille des hominidés, c'est celui qui a le mieux réussi. Il est capable de tailler des silex. On lui doit même la première industrie dite moustérienne.

Comment s'y prend-il ? Ce qui compte dans la taille du silex, c'est la capacité de se projeter dans un objet désiré et la mise en œuvre d'une technique pour y arriver. De 1,5 millions d'années à 300 000 ans, les outils de pierre avaient été simples et consistaient en une pierre dégageant un bord coupant obtenu par percussion avec une autre pierre. On tapait un coup sur le bord d'un galet à l'aide d'un autre galet percuteur : un gros éclat se détachait et on obtenait un hachoir. On retournait le galet et on tapait à nouveau : on obtenait un outil plus tranchant. Néandertal hérite d'une nouvelle technique conçue vraisemblablement avant lui, il s'agit du biface acheuléen, véritable « couteau suisse » du paléolithique.

Que pouvons-nous tirer comme enseignement de cette toute première industrie ? L'innovation du biface acheuléen produit de la richesse supplémentaire par rapport au travail initial qui a permis de produire le « galet aménagé ». On peut supposer que de meilleurs outils améliorent la chasse et l'exploitation du résultat de celle-ci : découpage de la viande, exploitation des peaux… En conséquence, le revenu du chasseur néandertalien s'accroît avec le biface acheuléen. Puisque l'on parle d'industrie moustérienne, j'imagine qu'un biface parfaitement taillé en quantité « industrielle » pouvait s'échanger contre un savoureux morceau de viande, le revenu de cet échange représentant le revenu combiné de son capital et de son travail. Le capital de cette industrie reste cependant très modeste : des os, des bois de renne, le galet aménagé. Pas de quoi détériorer le rapport salaire/valeur ajoutée. Les néandertaliens communiquaient entre eux. Ils avaient la capacité physique pour produire, cependant ils ne disposaient que d'une pensée conceptuelle limitée. C'est cette capacité conceptuelle restreinte qui a bloqué l'homme de Néandertal dans son évolution. Il en ressort clairement que le travail humain possède des capacités d'innovation à proportion des capacités conceptuelles. Celles-ci appartiennent à notre capital génétique. Elles sont fixes. Ces aptitudes sont génétiquement stables, mais elles s'enrichissent des connaissances accumulées et transmises par la culture. C'est désormais la culture qui fait la différence.

Il faut pour qu'une technique se concrétise, qu'il y ait un point d'appui technologique qui la précède, « le galet aménagé », une pensée conceptuelle qui anticipe sa réalisation, une *habilis* qui réalise et un environnement humain qui la diffuse. Ce qui est étonnant chez les Néandertal, par rapport à leurs successeurs, c'est qu'ils n'aient pas employé les os comme matériaux bruts pour faire des outils, ni recyclé les éclats de silex sur des lances pour améliorer leur arsenal de chasse. On a constaté peu d'évolution dans la fabrication des outils néandertaliens même si certains indices laissent supposer que des traditions régionales différentes se sont constituées au cours du temps. De ce point de vue, *homo sapiens* a été beaucoup plus inventif. Dans cette première compétition économique, ce pauvre Néandertal n'a droit qu'au titre peu enviable de premier perdant de la mondialisation ! Pour nous c'est une leçon majeure. Elle nous enseigne que celui qui refuse l'innovation finit par disparaître ! Nous pouvons également observer que la pauvreté du capital utilisé limite la capacité à créer de la richesse. Une épée de bronze aurait tout changé, mais notre Néandertal est à des années-lumière des techniques de la métallurgie précoce. Il ne possédait même pas le capital d'un chaudron pour faire fondre le cuivre. Si l'innovation dépend des capacités conceptuelles, c'est par le capital que l'innovation se réalise et que le capital peut s'accumuler. L'accumulation du capital détériore notre ratio Salaire / Valeur ajoutée. Mais c'est fondamentalement une bonne chose, car la valeur ajoutée créée ira au capital et aux salaires de l'entreprise. La concurrence se chargera d'en restituer une part croissante aux consommateurs selon un cycle inversé. La roue de l'innovation tourne dans un sens comme une roue à godet. Elle se charge de richesse qu'elle répand sur les actionnaires et sur les salariés de l'entreprise. Mais pour que la richesse irrigue toute la société, une autre roue, celle de la concurrence doit capter une partie de cette richesse pour la distribuer aux consommateurs sous forme de gain de pouvoir d'achat. Par conséquent, le rapport Salaire / Valeur ajoutée ne signifie rien en lui-même sur l'évolution absolue des salaires, si l'on ne mesure pas conjointement l'effet concurrentiel de baisse des prix sur le pouvoir d'achat général.

Fréderic Bastiat disait qu'en économie, il y a ce que l'on voit et ce que l'on ne voit pas : « Dans la sphère économique, un acte, une habitude, une institution, une loi, n'engendrent pas seulement un effet, mais une série d'effets. De ces effets le premier seul est immédiat ; il se manifeste simultanément avec sa cause, on le voit. Les autres ne se déroulent que successivement, on ne les voit pas ». L'analyse de la part des salaires dans la valeur ajoutée me semble typique de cette erreur de jugement, car enfin, préférez-vous être salarié chez Apple qui est une des sociétés du monde qui rémunère le mieux son capital ou Néandertal qui ne lâche rien de sa rémunération au capital ! Si vous pensez encore que la rémunération du capital est prise sur la rémunération du travail, la fameuse plus-value prise aux travailleurs, le sort de Néandertal n'est pas loin !

La mobilité sociale et le sentiment de déclassement

Revenons à nos fruits. Prenons notre pastèque des classes populaires et substituons-la à la pêche des classes supérieures, celle-ci figurant désormais les effectifs des classes populaires. Dans ce cas de figure, on aurait un monde de riches avec une petite classe moyenne et une toute petite classe populaire. Le sentiment de déclassement des classes moyennes et populaires serait alors très fort et la peur de la chute exacerbée au sein des classes supérieures. Si dans une classe d'école tout le monde est moyen, la réussite du premier de la classe est enviable mais pas humiliante. En revanche, si tout le monde réussit, le poids psychologique supporté par le dernier est fortement dévalorisant. Dans une société qui se dirige vers un monde de melons, le sentiment de déclassement ne peut qu'augmenter. Les statistiques sur le taux de mobilité qui tendent à prouver que l'inégalité augmente parce que la proportion d'enfants ayant des revenus plus élevés que leurs parents diminue avec le temps, se trompent d'interprétation. Que 90% des enfants nés dans les années 1940 aient eu des revenus supérieurs à ceux de leurs parents, alors que ce n'est le cas que pour seulement 50% des enfants nés dans les années 80, ne fait que traduire une réalité mathématique liée à la diminution des effectifs des classes populaires, et non à l'augmentation des inégalités.

Le cas américain

Le cas américain est intéressant car l'évolution des proportions de classes fonctionne, pour les classes populaires et moyennes, à l'inverse de ce que l'on connaît en France. On a pu observer[55] que la population blanche américaine de 45 à 55 ans, ayant au plus un diplôme de fin d'études secondaires, a connu une augmentation de son taux de mortalité s'expliquant par des causes dramatiques : suicides, cirrhoses du foie, empoisonnements dont des overdoses. La baisse d'espérance de vie de cette population n'est en rien une anomalie, mais s'explique par le fort sentiment de déclassement social. Très symptomatiquement, cette hécatombe ne touche que la classe blanche. Le groupe social équivalent des hispaniques continue à voir sa mortalité baisser. Les « petits blancs », ex-employés de l'industrie manufacturière, sont les derniers de la classe d'une société américaine qui affiche une réussite exceptionnelle de ses classes supérieures. Cette classe est plus riche et ce qui est plus traumatisant, plus nombreuse. Les « petits blancs » prennent de plein fouet leur échec du rêve américain. Les hispaniques, quant à eux, partent de beaucoup plus bas. Leur trajectoire, même si leur situation matérielle est précaire, est vécue comme ascendante soit pour eux–mêmes soit pour leurs enfants. Le rêve

[55] Cette observation a été faite par le prix Nobel d'économie Angus Danton et Anne Case in *Mortality and Mobidit in the 21st century*, Brooking papers on Economic Activity, 23 mars 2017.

américain est un enfer pour ceux qui y ont cru et voient la rive de la réussite s'éloigner inexorablement.

La société américaine est la société par excellence de la classe moyenne. Les effectifs de la classe moyenne y sont inversés par rapport à ceux de la classe populaire : la pastèque pour les classes moyennes, le pamplemousse pour les classes populaires. La classe moyenne est la classe carrefour où s'opèrent les plus grands changements sociaux tant à la hausse qu'à la baisse. La société américaine s'achemine également vers une société de melons, mais au détriment de la classe moyenne centrale, ce qui est beaucoup plus difficile à vivre pour ce groupe social.

Entre 1971 et 2015, la proportion de riches croît plus vite que celle des pauvres : +7 points en 54 ans contre +4 points pour les classes populaires[56]. L'ascension sociale y reste plus forte que le déclassement, mais l'effet « dernier de la classe » augmente, et avec lui l'intensité du traumatisme de perte de statut social. Dans une société qui fait l'apologie de la chrématistique, les pauvres sont mal vus, et ceux qui empruntent les voies du déclassement le ressentent avec une douleur intense. L'apparition d'une classe criminelle dans le groupe des pauvres est révélatrice de ce traumatisme. Un homme sur huit, soit 17 millions de personnes ont une condamnation pour crime dans leur CV. On pourrait compléter ce triste tableau par la consommation de drogue - le pays consomme 80% de la production mondiale d'opiacés - et l'obésité - 40% de la population est considérée comme obèse. L'Amérique d'aujourd'hui est malade, mais elle n'est pas malade de sa pauvreté, elle est malade de sa richesse !

Les pauvres sont plus riches qu'en 1970, or malgré cela, le mal s'est aggravé. Car la pauvreté n'est pas un concept reposant sur le seul revenu. La pauvreté est relative à la richesse des autres classes. On a l'habitude de définir l'individu pauvre comme celui dont le revenu est inférieur à 60% du revenu médian. Cette définition est cependant insuffisante car elle ne tient pas compte des évolutions des effectifs des classes. Ces évolutions sont à l'origine des sentiments de déclassement ou de réussite qui traversent le corps social. La réussite non partagée crée de la dysharmonie sociale dont les symptômes se voient dans le taux

---

Source : Pew Research Center analysis of the Current Population Survey

d'emprisonnement, la consommation d'alcool, l'obésité, et également dans le registre politique à travers la montée du populisme. Pourtant, l'économie américaine crée des emplois avec des niveaux de salaires corrects. Une part importante des créations entre 1983 et 2016 ont eu lieu dans le secteur de la santé proche de la médiane. Les trois cinquièmes des créations d'emplois l'ont été dans les métiers les mieux rémunérés. Ce qui signifie que les deux cinquièmes restants appartiennent aux secteurs à rémunération inférieure à la médiane. Le milieu de l'échelle longtemps occupé par les ouvriers et les employés à niveau d'étude faible ont été éliminés par la globalisation, mais un nouveau milieu est apparu fait de techniciens de maintenance, de réparation ainsi que de nombreux métiers de la santé. Le salaire médian s'est redressé en 2015 passant à 56 516$, soit encore derrière le pic d'avant la crise en 2007. Le discours simpliste qui consiste à dire que la société est malade de la globalisation du fait d'un phénomène de captation de richesses par délocalisation de la production manufacturière est victime du diable de Sauvy. Elle regarde un transfert réel et douloureux certes, mais elle oublie l'essentiel, soit la réorganisation de l'économie sur des bases de coûts de production plus faibles. La mondialisation crée des emplois et n'a pas d'effet sur la diminution des salaires. Le problème américain est d'un autre ordre.

« Tout homme est riche ou pauvre selon l'étendue des nécessités, des commodités et des agréments de la vie humaine dont il peut jouir » nous dit Adam Smith dans « La richesse des nations ». Cette large définition laisse la description des nécessités de la vie, de ses commodités et de ses agréments à la libre interprétation de chacun. La mobilité sociale qui fait passer de riche à pauvre et inversement de pauvre à riche est par conséquent un sentiment relatif qui dépend d'une part, comme nous venons de le voir, des proportions des effectifs sociaux et de leurs tendances évolutives, et d'autre part, du code de valeurs adopté par la société. L'*American dream* accentue le sentiment d'échec, l'égalitarisme républicain français l'atténue. Deux sociétés de « melons » peuvent donc diverger profondément selon les proportions des effectifs sociaux de départs et selon leur code de valeurs. Les États-Unis, qui sont en avance sur les évolutions économiques, nous montrent la voie et aussi les écueils. Une société chrématistique, comme nous l'enseignait notre vieil Aristote, est fragile !

Le pays de l'égalité, si finement observé par Tocqueville, a su donner à la classe moyenne son envol. La société industrielle en captant la valeur dégagée par les économies de production, a pu un temps, en faire profiter une classe d'ouvriers qui a grossi les effectifs de la classe moyenne. Mais la loi des économies a chassé les ouvriers américains de cette production, alors que celle-ci s'est maintenue et que les entreprises industrielles ont su garder les profits en délocalisant la production. De 1972 à 2010 la production est passée de 1 500 à 3 500 milliards de $[57]. Dans le même temps, la masse salariale s'est effondrée, mais les profits se sont maintenus, passant en 2001 de 1,3 à 2% du P.I.B en 2015[58]. Par ailleurs, les services n'appartenant pas au cœur de métier des activités industrielles se sont externalisés. La conception, le marketing, le design, les métiers à forte valeur ajoutée sont restés américains. La production s'est ainsi adaptée, conservant la valeur ajoutée mais pas les salaires ouvriers. Cette évolution est la meilleure qui ait pu se produire, car la seule alternative était que l'économie américaine perde toute son industrie. Au lieu de cela, elle a contribué à l'augmentation des effectifs des classes supérieures. J'entends bien que ce discours peut choquer, mais la sanction de l'inadaptation aurait été doublement catastrophique pour la société américaine : perte des salaires et perte des profits. Celle-ci, nous l'avons dit, évolue vers une société de « melons » et ce, à l'inverse des autres sociétés. Ce qui nous amène à nous poser la question de l'évolution des inégalités à l'échelle mondiale.

---

[57] Guiseppe Sacco, *Trump le président d'une génération perdue*, Commentaire, Numéro 158, été 2017, p.327.

[58] Anton Brender, Florence Pisani, *L'économie américaine*, collection repères, la découverte, 2018.p.38.

Un éléphant ça trompe énormément

Pour conclure sur les inégalités, la vision globale que propose un économiste comme Branko Milanovic me semble caractéristique de cette incompréhension du rôle de l'innovation dans la création et la répartition des richesses. La courbe de l'éléphant, maintenant bien connue, a été réalisée par cet économiste à partir d'une agrégation de données sur les revenus à un niveau mondial. Pour la première fois une vision de l'évolution des revenus, non pas à l'intérieur d'un pays mais à l'échelle du monde, est illustrée par un dessin très parlant. Une courbe partant d'une queue d'éléphant monte pour suivre l'arrondi du dos puis plonge au niveau de la tête jusqu'au sol pour remonter brusquement comme une trompe d'éléphant tendue vers les arbres.

La courbe qui représente l'évolution des inégalités mondiales pendant une période de 20 ans (1988-2008) repose sur une analyse fine par fractiles[59]. La population mondiale est découpée en fractiles qui correspondent à la distribution mondiale des revenus, les plus riches étant dans le dernier fractile, les plus pauvres dans les premiers fractiles. De la queue de l'éléphant à la tête on retrouve la population des pays émergents, à partir du début de la trompe on trouve les pauvres des pays riches, au creux de la courbe, se situent les classes moyennes des pays riches et dans le haut de la trompe, les riches de toutes les nations. Le commentaire le plus courant qui en est fait est le suivant : les grands gagnants de la mondialisation sont les classes moyennes des pays émergents, en particulier la Chine, avec le groupe des très riches qui appartiennent à tous les pays. Les grands perdants sont les classes moyennes inférieures des pays développés. Autrement dit, la mondialisation ne profite pas à tout le monde, bien au contraire, elle alimente le déclin des classes moyennes occidentales. Elle a donc sa part de responsabilité dans la naissance des mouvements populistes constatée dans tous les pays occidentaux. L'explication économique « qui se voit » et

[59] Les fractiles correspondent à des découpages de la population par effectifs égaux. Si on la découpe par dix on obtient des déciles, par cent des centiles.

qui accompagne ce constat est que les Chinois[60] ont en réalité pris la richesse des classes moyennes occidentales, accélérant les inégalités à l'intérieur des pays riches, même si au niveau mondial, on constate une montée de la classe moyenne. Il y a eu comme un phénomène de vases communicants : ce sont les Chinois qui ont pris la richesse des classes moyennes. En revanche, les très riches en ont profité pour augmenter leur part du gâteau. Cette explication sonne économiquement juste et est politiquement porteuse car il y a, c'est selon, un ou plusieurs coupables fédérateurs : la mondialisation pour les anti-libéraux et les Chinois pour les populistes. Quant à l'augmentation des inégalités, tout le monde est contre. C'est, pour rester dans la veine de cet essai, un point de vue parfaitement ptoléméen.

Maintenant regardons ces chiffres autrement. Je rappelle que la courbe de l'éléphant représente des gains relatifs et non des valeurs absolues. Quelqu'un de très pauvre qui avait il y a 20 ans 1 000 de revenu et qui passerait à 3 000 [61] vingt ans plus tard triplerait son revenu, soit une augmentation de 200%. Maintenant, prenons quelqu'un de la classe moyenne inférieure qui passerait en vingt ans de 10 000 à 12 000, soit la même augmentation en valeur absolue, cette personne verrait son revenu augmenter seulement de 20% sur vingt ans. Cet exemple nous fait comprendre que 2 000 d'évolution de salaire s'exprime en % différemment selon la base de départ. Alertés par ces chiffres, regardons ce qui s'est réellement passé pendant ces vingt ans.

Pour la même période que précédemment, soit de 1988 à 2008, la même évolution de revenus, mais cette fois ci en valeur absolue[62] et non en pourcentage d'augmentation. On découvre que les fractiles « victimes » de la mondialisation, soit les tranches inférieures de la classe moyenne (70, 75 et 80) ont capté 11% des gains absolus de revenus réels. La classe moyenne des pays émergents que l'on peut situer quant à elle, entre le 40ème et

---

[60] Nous avons développé cette argumentation précédemment, voir supra, Des inégalités de quoi ?

[61] Ce qui est vraisemblable pour une grande partie de la population chinoise urbaine

[62] Celle ci-étant répartie en % entre les fractiles sur une base100, par exemple la fractile 95 a obtenu 16% des gains absolus du revenu réel.

le 65ème fractile a cumulé également 11% des gains[63]. Dès lors, comment les commentateurs et l'auteur lui-même peuvent-ils souscrire à l'analyse sur le déclin des classes moyennes occidentales ? C'est d'autant plus difficile à comprendre que le salaire médian a augmenté dans toutes les économies développées pendant la période analysée. Malheureusement l'auteur nous donne la réponse : « Cela ne doit pas non plus nous conduire à réviser notre conclusion au sujet des membres des classes moyennes inférieures du monde riche car, comme la plupart d'entre nous, ils regardent d'abord leurs gains relatifs (qui ont été très faibles), et lorsqu'ils comparent leur situation à celles des autres, il est probable qu'ils l'opposent aux gains relatifs obtenus au sommet. De ce point de vue, la stagnation de leur revenu est bien réelle [64]». Certes, l'inégalité constatée est réelle, nous allons y revenir, mais ce fait réel ne peut pas cacher un autre fait réel : le gain réel de revenus pour toute la classe moyenne occidentale. Cette image de l'éléphant superposée au schéma est géniale en termes de communication mais elle est trompeuse si on ne met pas un peu de vigilance dans son interprétation. Je propose une autre image moins géniale mais tout aussi parlante, celle de la promenade des canards.

---

[63] J'invite le lecteur à se reporter à l'original soit l'ouvrage de Bruno Milanovic, *Inégalités mondiales Le destin des classes moyennes, les ultra riches et l'égalité des chances*, La découverte, 2019, p.21-40.
[64] Ibid, p.36-35.

Nos canards se baladent en farandole, cette image reproduit la traîne des gains de revenus derrière la cane, beaucoup plus imposante, qui figure la disproportion dans la répartition des gains au profit des classes riches. Au premier coup d'œil on capte le phénomène inégalitaire, mais pas la disparition des canetons de la classe moyenne occidentale, comme le laisse à penser le plongeon de la trompe de l'éléphant. C'est bien la même réalité illustrée de deux façons différentes. Pourtant la subjectivité joue à plein dans ces représentations, elle est causée par le 1% le plus riche qui attise le sentiment d'injustice et déforme la perception du réel. Ce 1% représente près de 70 millions de personnes. Ils se partagent 15,7% du revenu mondial, mais ce qui est le plus frappant, c'est que 80% de ce centile supérieur provient des pays riches occidentaux d'Europe de l'Ouest, d'Amérique du Nord et d'Océanie. Encore un chiffre et j'en ai fini, 12% viennent des États-Unis[65]. Par conséquent, plus les riches prennent une part importante du gâteau, plus le gâteau est grand. Cette remarque conforte l'analyse sur les typologies d'économies : les économies de rentes à somme nulle et les économies d'innovation à gains partagés. J'entends bien qu'il y a un problème sur la proportion du partage, mais les riches ne

[65] Ibid, p.48.

prennent pas la richesse aux pauvres dans une économie d'innovation, ils la créent et la restituent peu. Ce qui se passe dans les pays émergents montre aussi que ces pays rentrent dans un monde de melons : la citrouille des classes populaires miséreuses fond pour devenir une pastèque au profit du pamplemousse des classes moyennes et de l'abricot des classes riches. Oui, il y a plus de très riches dans un monde de riches ! Je suis convaincu qu'une meilleure compréhension des phénomènes économiques peut permettre de mieux accepter les inégalités sociales, mais mon but n'est pas de les justifier. Il est de mieux les comprendre pour lutter contre la réelle injustice qui est celle de la pauvreté dans les pays riches et pauvres. En associant pauvreté et inégalité on se trompe d'analyse, et je crois que l'on contribue à maintenir la pauvreté. Pour paraphraser Camus, mal comprendre les choses contribue aussi aux malheurs du monde.

« Comment lutter contre la pauvreté ? » n'est pas la même question que « Comment lutter contre les inégalités ? » Or, il y a une large confusion dans les esprits entre ces deux approches. La question de la pauvreté est complexe. Elle a à voir avec l'intensité de la concurrence, la politique de répartition des richesses par l'impôt, l'accès à la formation, le capital relationnel, mais également de plus en plus avec le prix du logement. En effet dans un monde d'innovation les coûts baissent, alors que quand les activités sont concentrées, le prix des logements augmente reléguant à la périphérie les plus pauvres. C'est la projection vers l'avenir qui en définitive pose un problème plus que les inégalités. Si nos représentations de l'avenir tournent au pessimisme, les inégalités deviennent insupportables car sans issue. Il en résulte que la façon dont se fabriquent ces représentations est une question qui appartient au domaine de la science économique.

« L'humanité tisse la toile où elle se prend »
Hakim Sanaï, poète soufi (XIIème siècle)

Chapitre 3
L'économie par les valeurs

L'élargissement du domaine d'analyse de la science économique

L'évolution de la pensée économique nous laisse entrevoir, si incomplète qu'elle soit, la façon dont les théories expliquant les lois liées à la richesse matérielle se sont peu à peu ouvertes à la théorie des comportements. Le désir de maîtriser la connaissance économique a poussé la réflexion à s'adjoindre, dans un premier temps, l'outil mathématique, et à projeter sur ce domaine une envie de science assimilable à la physique. La macro-économie étant l'agrégation de multiples phénomènes micro-économiques, on a pu espérer un temps, cerner la connaissance par des modèles donnant l'illusion que les objets économiques se rendraient à la puissance de la nouvelle science, de même que la science physique a maîtrisé les mystères de la nature. Mais des deux côtés de l'analyse, macro et micro-économique, les objets ne se laissaient pas réduire. Pour mieux devenir une science, l'économie avait eu beau perdre son attribut de politique, elle restait l'enjeu principal de la politique : on est toujours socialiste, on est toujours libéral en rapport principalement à des conceptions économiques, de sorte que l'on s'interroge toujours sur la légitimité d'une science économique. Du côté de la microéconomie, il fallut rendre les armes à la psychologie. Les modèles de décisions basés sur la rationalité des acteurs doivent maintenant se plier aux analyses plus fines de la théorie du comportement et admettre de multiples biais cognitifs. Ce faisant, la microéconomie ne s'est pas éloignée de la démarche scientifique, mais bien au contraire elle s'est ancrée solidement dans les sciences cognitives en prêtant ses hypothèses aux confirmations de l'expérience. La conséquence la plus directe est que l'analyse des comportements économiques est rentrée comme par effraction dans le domaine de la sociologie. Durkheim, qui avait si longtemps voulu isoler les faits sociaux des consciences individuelles, aurait vu d'un mauvais œil la sociologie ramenée à l'étude des motifs des comportements individuels. Or, Durkheim a toujours refusé que la sociologie soit un corollaire de la psychologie au motif que les faits sociaux ont le pouvoir d'exercer sur les consciences individuelles une pression[66]. Mais la science économique, en s'ouvrant à la psychologie expérimentale, prétend expliquer des comportements individuels et en tirer des conclusions relatives aux faits sociaux. Elle peut désormais accueillir en son sein de prestigieux sociologues comme Weber et Mauss qui eux aussi se sont intéressés aux choix économiques. Mais ces prises de guerre sont-elles légitimes ? Car, dans la lignée d'un Pierre Bourdieu, la sociologie aspire à être une science plus haute que la science économique. Cependant, les travaux maintenant bien fondés sur le capital social d'un Robert Putnam et d'un David Halpern ne laissent-ils pas à penser que la sociologie est plutôt une branche de l'économie ? Les théoriciens de la confiance comme Alain Peyrefitte ou Francis Fukuyama auraient pu eux aussi prétendre au titre d'économiste, car la confiance qui a fait l'objet de leurs analyses historiques est un phénomène central de la macro-économie rattachable aux comportements individuels, désormais piliers incontournables du socle des connaissances économiques. Si l'histoire s'y mettait également, pourquoi laisser Fernand Braudel de côté ? N'avons-nous pas besoin d'une vision longue sur l'enchaînement des évènements humains pour comprendre les phénomènes économiques ? Le manque de perspectives historiques n'est-il pas le principal défaut des économistes et des sociologues[67] comme le soutenait Braudel ? Enfin, si la confiance

[66] Emile Durkheim, *Les règles de la méthode sociologique*, Champs Flammarion, p.194.

[67] Fernand Braudel, *La dynamique du capitalisme*, Arthaud, 1985, p.117.

est le ciment des institutions, et que les institutions, selon la thèse de Daron Acemoglu et de James A. Robinson, est la principale explication des divergences économiques des pays, alors la science économique n'avait pas démérité en s'appelant dès l'origine, « économie politique ». Tout ne serait–il donc qu'économie ? Tant que les domaines traités l'étaient sous l'angle matériel, on pouvait le nier, mais dès lors que les mentalités et les comportements, et non la seule rationalité *d'homo oeconomicus*, rentraient dans le champ de l'analyse économique, les limites se faisaient plus floues, mais l'idée de continuité entre les domaines étudiés se faisait plus précise.

Passer de la décision individuelle aux décisions agrégées : les représentations mentales

L'hypothèse qui soutient notre essai est que la culture détermine les motivations des acteurs économiques d'une façon complémentaire aux décisions qui sont prises sur la base des seuls intérêts matériels. C'est la notion de complémentarité qu'il faut désormais expliciter. Appartient à l'analyse décisionnelle, le domaine des choix rationnels tempérés par les comportements spontanés, intuitifs. Le prix Nobel d'économie, Daniel Kahneman, a montré comment notre cerveau pare au plus pressé pour notre plus grand confort, et souvent pour une plus grande efficacité, tout en nous mettant en garde contre les pièges des biais cognitifs. Ses travaux expliquent les choix immédiats individuels. Kahneman identifie dans le processus décisionnel deux systèmes : le système 1 en quête de cohérence est mû par l'intuitif, et le système 2, capable d'adopter une approche systémique, analytique et prudente, mais aussi paresseuse, c'est-à-dire prompte à approuver les convictions intuitives qui reflètent étroitement les impressions. Le système 1 ne se désactive jamais. En matière économique, l'analyse est systématiquement intuitive et conduit à beaucoup d'erreurs. Notre auteur en a même fait une appellation COVERA[68] « Ce que l'On Voit Et Rien d'Autre », signifiant ainsi la fréquence du phénomène. On y trouve la justification psychologique des incompréhensions « géocentriques » dénoncées par Alfred Sauvy.

Ces décisions individuelles appliquées à la production, à l'échange ou à la consommation de richesses sont de nature économique. À cet égard, leur multiplication, leur imbrication, leur coordination en font à l'échelle sociale une « chose » pour parler le langage de la sociologie. De l'analyse de ces agrégats de décisions, émerge une logique collective dans laquelle on retrouve des caractéristiques culturelles. C'est ainsi qu'une décision de nature économique individuelle analysable de ce seul point de vue changera de nature à l'échelle collective. Elle subira un champ d'influences normatives pour devenir l'expression d'un trait de culture. Max Weber aura le premier décrit ce phénomène en extrayant de la théologie protestante des facteurs d'explication des comportements individuels, notamment en explicitant le concept du *Beruf*, déterminant dans la volonté protestante de modification du monde par le travail. Cette méthode est justifiée du point de vue des sciences cognitives, par le fait que les individus se représentent leur environnement, les relations qu'ils entretiennent avec leur entourage, la finalité de leur vie selon des normes culturelles. Cela signifie que les choix micro-économiques individuels, bien qu'analysés par la science économique sous l'angle de l'intérêt, s'insèrent dans une toile culturelle plus vaste qui les influence. Le lien entre l'individuel et le culturel s'explique par la théorie des représentations mentales. Celle-ci est maintenant bien établie pour expliquer le fonctionnement du cerveau. La neuropsychologie attribue à cette capacité de représentation une fonction de découverte et d'adaptation au monde extérieur. Les modèles élaborés par la pensée ne sont pas arbitraires, mais ajustés pour aider à la décision, car ils nous permettent de pénétrer dans l'esprit des autres. C'est sur cette capacité à construire et à partager des mondes mentaux que le langage s'appuie pour diffuser une

[68] Daniel KAHNEMAN, *Système 1 Système 2, les deux vitesses de la pensée*, Clés des champs, 2016, p.135.

culture[69]. Les représentations mentales se nourrissent des apports culturels extérieurs à l'individu. Celui-ci peut les assimiler ou les rejeter, mais il se détermine par rapport à eux de sorte que ses décisions individuelles gardent leur libre arbitre tout en baignant dans un flux culturel. Tout passe par l'homme conditionné de culture. Comme le dit joliment le poète soufi que nous avons mis en exergue : « L'humanité tisse la toile où elle se prend ». On peut comparer le fil de la toile à de multiples décisions et les nœuds de la toile aux relations de confiance qui donnent à la société son caractère communautaire. Quant à l'ensemble, il représente les institutions qui sont à l'origine de l'élaboration des normes. C'est ainsi que les décisions individuelles sont enserrées par le biais des représentations mentales dans les normes culturelles.

Schéma 1. Les représentations mentales de l'individu à la culture

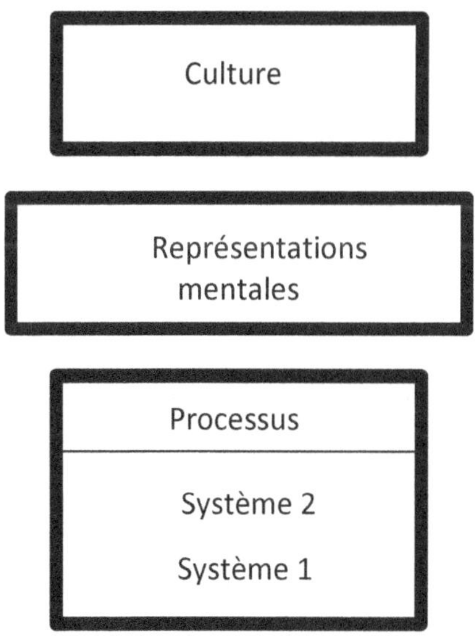

[69] Chris Frith, *Comment le cerveau crée notre univers mental*, Odile Jacob, sciences, Paris, 2010, p.180, p.235.

La boucle rétroactive institutionnelle

Tout un courant de la science économique s'est arrêté avec raison sur les institutions pour les analyser. Les travaux de Daron Acemoglu et James A. Robinson[70] permettent de distinguer judicieusement les institutions extractives des institutions inclusives. Dans le rôle des méchants, les institutions extractives sont basées sur des rapports de force entre une petite classe et la masse du peuple, la petite classe extrayant les richesses grâce à son pouvoir au détriment de l'ensemble et au mépris des valeurs d'humanité. Dans le rôle des gentils, les institutions inclusives ouvrent le jeu du pouvoir et acceptent que rentre dans le processus de la création et de la consommation de richesses le plus grand nombre pour le bien-être de la collectivité. Nul ne doute, à la suite des travaux de Daron Acemoglu et de James A. Robinson, que les institutions déterminent les comportements des individus, mais je compléterai l'analyse institutionnelle par le concept de boucle rétroactive pour intégrer le rôle de l'individu sur l'institution. Car comme toute construction humaine, elles reposent *in fine* sur des décisions humaines. Les institutions sont une forme aboutie d'un processus que l'on pourrait qualifier d'organique du fait de leur complexité sociale, des multiples étapes historiques de leur élaboration, et de la cohérence de leur logique interne. Les institutions inclusives traçant la route de l'évolution dans une logique créatrice, les institutions extractives creusant, quant à elles, la route de la servitude dans une logique destructrice. On pourrait penser qu'il est facile de savoir à quel type d'institution souhaitent se rattacher les hommes, car les hommes tout simplement aspirent au bonheur. Ils se font une idée du bonheur à travers la prospérité et la liberté dans une communauté humaine plus ou moins large, et à cette communauté, ils rattachent des valeurs. Cependant, la facilité supposée pour le choix d'institutions inclusives se heurte aux systèmes des valeurs : quelle place celles-ci attribuent-elles aux

---

[70] Acemoglu Daron et A. Robinson James, *Prospérité, puissance et pauvreté, Pourquoi certains pays réussissent mieux que d'autres*, Genève, Markus Haller, 2015.

femmes, aux groupes minoritaires, aux croyances différentes… ? On voit que les valeurs, à l'instar des gènes, codent les institutions différemment quant à leurs caractéristiques inclusives. Les institutions ne peuvent donc se concevoir indépendamment de ces valeurs. Ces valeurs sont partagées par des individus qui se représentent leur monde grâce à elles. Elles forgent ainsi les représentations mentales. C'est un mouvement rétroactif qui opère entre les institutions et les individus, car si les individus sont influencés par les institutions, ils contribuent également à les forger par leurs représentations mentales. C'est ainsi qu'imposer des institutions démocratiques aux individus partageant des valeurs non inclusives, se heurte aux plus grandes difficultés.

L'étymologie, qui est bonne gardienne des secrets des origines, a cru bon d'attribuer au mot valeur deux origines opposées mais complémentaires. Valeur renvoie par ses origines latines à *valere* qui signifie la valeur spirituelle et également à *reg* dont l'origine indo-européenne renvoie, quant à elle, à la richesse matérielle. La science économique, en fondant ses travaux sur l'étude des décisions comportementales individuelles et agrégées, découvre la nécessité d'associer les valeurs spirituelles à l'étude de la richesse matérielle. Cette vérité étymologique contenue dans l'origine du mot valeur a pourtant déserté l'analyse économique. C'est regrettable, car les institutions, comme nous venons de le voir, se caractérisent par leurs valeurs spirituelles associées à leurs productions les plus marquantes. La science économique y trouve sa qualité d'ubiquité et ne peut désormais plus se concevoir indépendamment des données culturelles et des institutions qui les incarnent.

Schéma 2. La boucle rétroactive institutionnelle

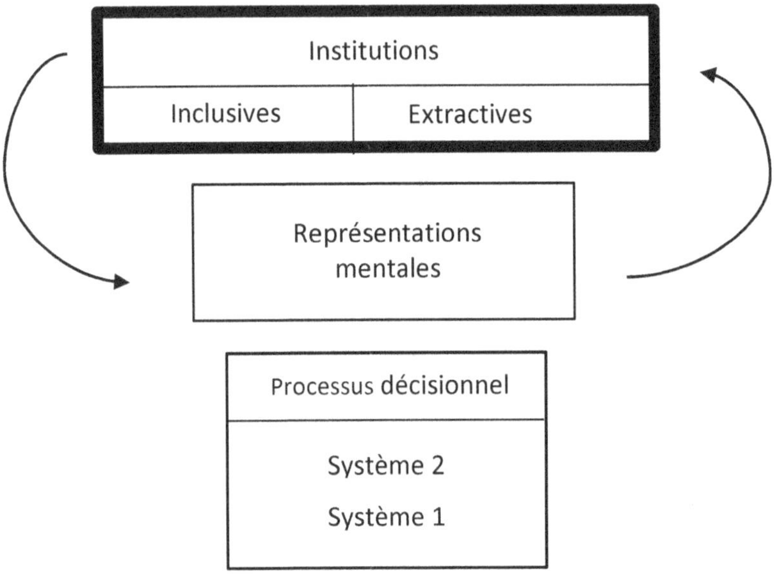

Les valeurs, source des décisions économiques

Nous avons établi que les décisions individuelles s'agrégeaient et que cette « chose » agrégée appartenait au monde des données culturelles. Or, ce monde se réclame d'une certaine autonomie, car en émergeant des décisions individuelles, il acquiert un pouvoir rétroactif sur celles-ci. Il peut donc faire « pression » sur les consciences individuelles, inspirer les représentations mentales, et être à l'origine des actions humaines. Alexis de Tocqueville l'affirmait déjà dans son style flamboyant[71] : « Il n'y a presque point d'action humaine, quelque

[71] Alexis de Tocqueville, *De la démocratie en Amérique, les grands thèmes*, idées/Gallimard, p.220.

particulière qu'on la suppose, qui ne prenne naissance dans une idée générale que les hommes ont conçue de Dieu, de ses rapports avec le genre humain, de la nature de leur âme et de leurs devoirs envers leurs semblables. L'on ne saurait faire que ces idées ne soient pas la source commune dont tout le reste découle ». C'est bien tout le problème qui se pose à la science économique : comment faire le lien entre les idées générales imprégnées de valeurs et les décisions individuelles de nature économique ? Jusqu'à maintenant l'économie s'occupait plutôt de savoir comment les hommes prenaient leurs décisions individuelles, ce qui semble en opposition avec l'idée que ce sont les idées générales qui déterminent leurs décisions. La sociologie, se prévalant de cette dernière approche, en concevait un certain dédain pour l'économie abusée par son individualisme étroit. Les valeurs ne feraient-elles donc pas bon ménage avec l'économie ? Mais s'il faut en croire Tocqueville, esprit fin et avisé, on ne peut les ignorer. Celui-ci nous montre la voie en pointant les représentations de Dieu, son rapport avec le genre humain, mais il nous laisse sur notre faim, malgré la qualité du style, sur la nature de l'âme et les devoirs mutuels. Max Weber, nous l'avons dit, retiendra la leçon et se souviendra de la religion pour expliquer l'esprit du capitalisme par l'éthique du protestantisme. Cependant, de ses analyses, on ne retiendra que des corrélations, car l'on peine à y trouver un véritable faisceau de causalités capables d'expliquer d'autres situations avec d'autres religions. En règle générale, on a l'intuition que les valeurs culturelles influent sur le comportement décisionnel micro-économique mais cette intuition ne saurait nous contenter. Il nous faut donc décrire par quels processus, les valeurs culturelles et comportements individuels interagissent, et en dégager des règles communes. On pourra alors arrimer ce nouveau domaine « macro » des comportements culturels à la science économique.

Schéma 3. Les valeurs culturelles à l'origine des actions économiques

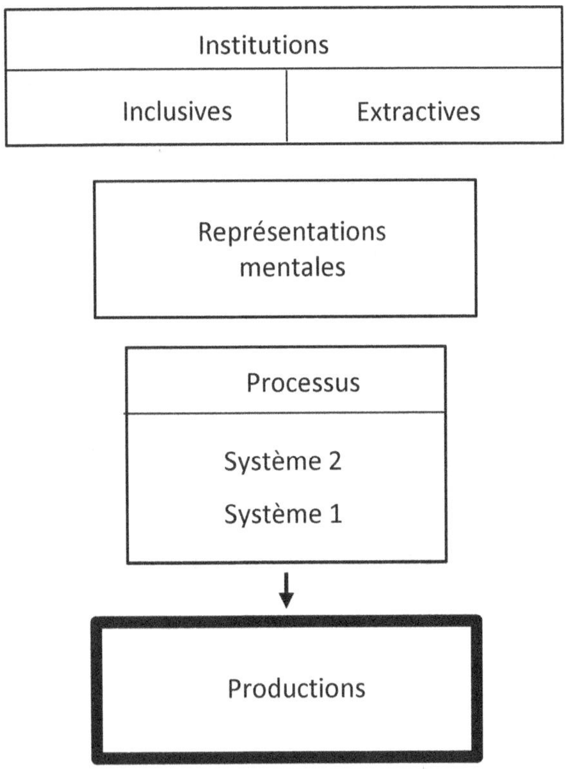

Les comportements assimilés constitutifs de la culture

En cantonnant la culture au niveau des idées générales, on ne fait que créer un paramètre résiduel mystérieux destiné à expliquer les comportements innovants, se donnant ainsi l'illusion d'un recours salvateur, pour expliquer tout ce que l'on ne comprend pas. La culture devient alors pour les économistes, selon l'expression de Francis Fukuyama, « une sorte de panier à surprises[72] ». Pour éviter de prêter le flanc à ce défaut, je dois commencer par préciser ce que j'entends par culture. Je propose une définition simple avec des extensions complexes : la culture, ce sont des comportements assimilés par des individus leur venant de leur appartenance à une communauté sociale. Par extension, les produits de ces comportements rentrent dans le champ de la culture. On y compte des surprises aussi variées que : les artefacts, les différentes formes d'organisations sociales que l'on assimilera plus généralement aux institutions (l'institution familiale, le mariage, la chefferie, l'État...), les normes issues des institutions et *in fine* les valeurs. Eu égard à cette définition de la culture, il faut concentrer notre réflexion sur deux catégories de liens : en premier lieu, ceux existant entre les comportements assimilés et leurs produits non matériels, à savoir : les valeurs, les institutions, et les normes, et en second lieu, ceux régissant les rapports entre les comportements assimilés et les décisions individuelles. Reste une précision complémentaire à ajouter : tout le monde voit ce que sont les institutions, même si j'ai mis sous ce chapeau un éventail large d'organisations sociales. Mais je pense que pour les valeurs et leur différence avec les normes, des éclaircissements s'imposent. Max Weber soulignait la confusion que suscitait l'emploi du mot valeur et aimait à dire que c'était « l'enfant de douleur de l'économie politique ». J'ai souligné plus haut la double étymologie du mot, *reg* et *valere,* je pourrai ajouter que, à son origine, le concept de valeur comprend l'idée de puissance

[72] Francis Fukuyama, *La confiance et la puissance, Vertus sociales et prospérité économique*, Plon, 1997, p.43.

créatrice dans l'ordre matériel ou spirituel. La valeur est donc une force qui meut, en l'occurrence, le comportement. On peut recourir à cette force par choix personnel, mais aussi dans le cadre des comportements assimilés par nécessité culturelle, du fait qu'une norme sociale produite par une institution l'impose ou le permet plus ou moins volontairement. La norme est donc le résultat d'une production institutionnelle inspirée par des valeurs. Prenons un exemple courant : le droit est une norme produite par un parlement dont les députés adhèrent à des valeurs. Dans ce cas, la norme est un stimulant externe de l'action, mais il y a des exemples de normes sociales qui peuvent aussi être compris comme une motivation interne : je préférerai alors la désigner sous le nom d'*éthos*, soit le comportement assimilé qui est aussi notre définition de la culture. Cette distinction entre norme et *éthos* a l'avantage de recouper de grandes distinctions qui traversent le monde latin et le monde anglo-saxon : le monde latin ayant une croyance en la toute-puissance de la loi, le monde anglo-saxon ayant plus foi dans le comportement individuel, plaçant ainsi le citoyen à l'origine de la cité. Cette distinction caractérise les représentations mentales, elle explicite les préférences culturelles dans la boucle rétroactive institutionnelle. Les partisans de la loi y trouvent l'inspiration pour justifier la création d'un ordre social construit. Quant aux partisans de la liberté individuelle, ils y voient la justification d'un ordre économique spontané. Ainsi, selon que la préférence culturelle est donnée à l'individu ou au groupe, la boucle rétroactive institutionnelle ne produit pas les mêmes effets : dans le premier cas, les comportements assimilés ont une composante individuelle plus forte, dans l'autre cas, les comportements assimilés donnent la préférence aux institutions ; l'innovation poussant toujours mieux là où l'individu peut donner tout son potentiel. On voit par ces exemples que la valeur donne à la fois son mouvement aux institutions et à l'*éthos*, ce qui débouche *in fine* sur la production d'un comportement individuel imprégné de culture. Les auteurs qui étudient ces questions recourent aux données historiques et sociologiques pour rendre compte des comportements et des mentalités dans les sociétés humaines. Puisque l'on ne peut pas faire d'expérience sur une société entière, il est légitime de se servir des résultats de l'histoire, de la sociologie, et même de l'anthropologie, pour créer une éthologie humaine comparée et tenter de cerner les comportements culturels. Cela étant précisé, si nous voulons progresser dans la compréhension des rapports entre valeurs et comportements assimilés, il me semble également de bonne méthode de compléter l'approche « sciences sociales » par une approche « sciences neuronales » liant états cérébraux et représentations mentales. En partant de l'homme neuronal, on se donne la possibilité de progresser méthodiquement vers la compréhension du rôle des valeurs dans les décisions. Les valeurs sont ainsi rattachées à l'ensemble de la réflexion comportementale. Cela suppose de chercher à comprendre les rapports corps/esprit/valeurs dans une perspective de continuité plutôt que de séparation.

Schéma 4. Les comportements assimilés

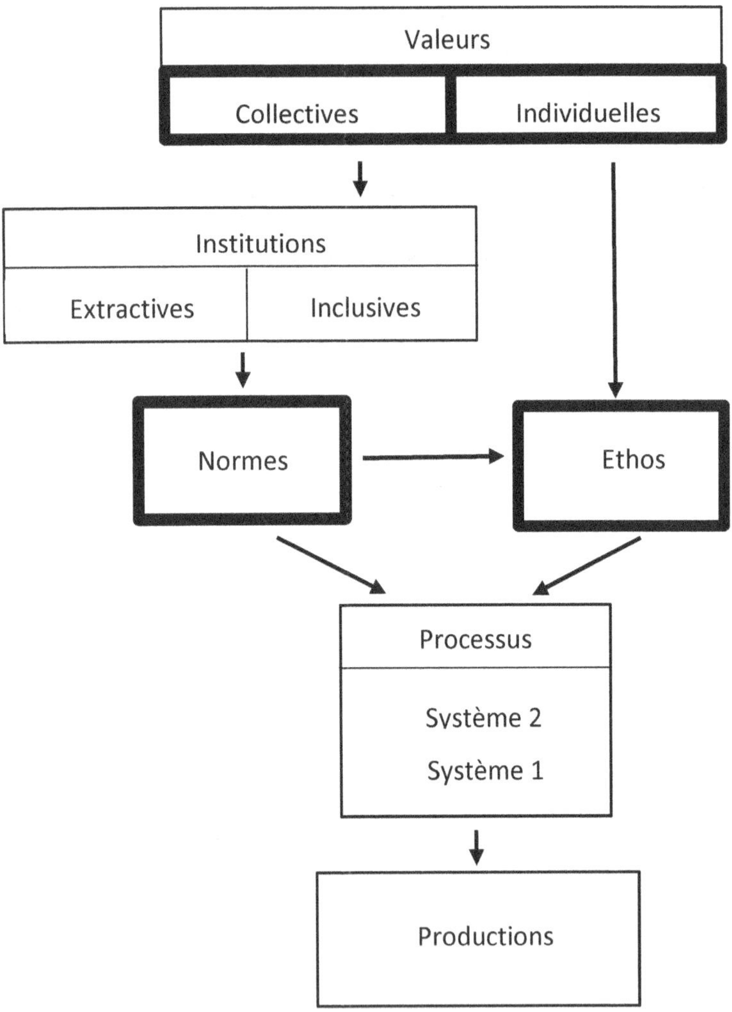

L'esprit affranchi des déterminismes sociologiques et biologiques

Faire reposer les comportements économiques sur le fonctionnement du cerveau est une vieille thèse des économistes élaborée à partir des réflexions des philosophes des Lumières. Au XVIIIe siècle, la question de l'unité de la société préoccupe les esprits. La religion ne remplissant plus cette tâche, les réflexions s'orientent vers une solution autorégulée basée sur l'équilibre des passions. C'est tout naturellement que l'on en vient à creuser les mystères du comportement humain. Porté par ce courant, David Hume fait le constat que la personnalité se construit à partir des sensations. Dans son « Enquête sur l'entendement humain », il développe l'idée que : « tous les matériaux de la pensée tirent leur origine de notre sensibilité externe ou interne »[73], ou encore, « toutes nos idées, c'est-à-dire nos perceptions les plus faibles, sont les copies de nos impressions, c'est-à-dire nos perceptions les plus vives ». Les philosophes utilitaristes, en s'appuyant sur les impressions, font implicitement référence à ce type de fonctionnement du cerveau. Jeremy Bentham (1748-1832) est le fondateur de l'utilitarisme. Il part du principe que les individus ne conçoivent leurs intérêts que sous le rapport du plaisir et de la peine. Les impressions sont soit négatives, soit positives. Les individus cherchent à « maximiser » leur bonheur, exprimé par le surplus de plaisir sur la peine. Il s'agit donc pour chaque individu de procéder à un calcul hédoniste. Ce qui compte, c'est la plus grande somme de bonheur totalisé, d'impressions positives ressenties. L'intérêt égoïste s'assure ainsi une place solide dans l'échange économique et bientôt exclusif. Il va fonder la microéconomie et permettre une conceptualisation des circuits macroéconomiques décrits en langage mathématique. Sa grande force est de relier logiquement le monde de la microéconomie et de la macro-économie. Les neurosciences ont confirmé une partie, mais une partie seulement de cette analyse. Il est vrai que le cerveau reçoit des récompenses ou des mises en garde sous forme de libération de molécules chimiques. Ces stimulants

[73] David Hume, *Enquête sur l'entendement humain*, *op.cit.*, p. 63, 64.

provoquent des sensations corporelles de plaisir ou de peine qui sont analysées par le cerveau afin de réguler le corps. Le corps réagit à ces informations extérieures pour rétablir son équilibre interne. Cette gestion a pour but de préserver la vie. C'est un principe fondamental de biologie qui porte le nom savant d'homéostasie. Les économistes en ont déduit assez logiquement que la recherche du bien-être, selon le principe de plaisir et de déplaisir, guidait la décision. Mais les décisions basées sur les sens, ont-elles un rapport avec notre sujet ? Pour reprendre les catégories de Kahneman, je dirais qu'elles appartiennent au système -1. Je leur attribue un signe négatif pour signifier qu'elles ne sont pas encore du ressort de l'esprit. Elles sont de nature biochimique, et de ce fait contribuent à la cartographie du corps dans le cerveau. Ces cartes produites par le cerveau lui permettent de s'informer et de réagir efficacement en guidant le comportement en fonction des informations reçues. Cette fonction cartographique est d'un grand intérêt pour notre compréhension des mécanismes cérébraux car la cartographie a deux faces : l'une tournée vers le corps selon les principes que nous venons de voir, et l'autre tournée vers l'esprit, ce que Hume appelle la sensibilité externe. Du côté de l'esprit, on retrouve donc le rôle de la sensibilité externe, que nous appellerons sensations ou *stimuli* dans les émotions. Celles-ci réagissent à des *stimuli* positifs ou négatifs qui viennent cette fois-ci de l'univers externe, affectif, relationnel et social. Ces gratifications sont à l'origine de la construction de l'identité. C'est ainsi que la qualité des expériences agréables ou douloureuses obtenues par les soins maternels aident le nourrisson à se construire. Tourner la tête vers le sein est un effort homéostatique. Chez les enfants qui ont connu une phase symbiotique optimale [74], on constate une prédominance d'anticipations confiantes. L'enfant peut alors s'ouvrir à l'extérieur et continuer à se construire en allant vers l'étranger. L'économiste trouvera dans cette interprétation du fonctionnement des émotions autant, sinon plus d'enseignements, que dans le principe sensoriel qui a inspiré l'utilitarisme. En effet, on ne peut ignorer que la confiance est la

[74] Margaret Mahler, *La naissance psychologique de l'être humain*, Paris, Petite bibliothèque Payot, 1980, p.81., p.104.

clé de l'ouverture de la personnalité, et que celle-ci se nourrit de l'altérité donc de l'échange. De même, l'économie se nourrit de l'échange des biens et des services sur un marché, et ceci ne peut se réaliser sans ouverture et confiance entre les acteurs économiques. L'homéostasie biologique a son pendant dans les comportements individuels. Elle s'apparente à la recherche de l'harmonie dans le domaine des relations affectives, elle vise à l'équilibre des émotions. Le nourrisson cherche des relations harmonieuses avec sa mère pour gagner en autonomie et en assurance, bref, pour nourrir son équilibre psychique homéostatique. Le processus homéostatique régule les émotions par rapport à la confiance. Confiance et homéostasie sont deux notions que nous réutiliserons dans notre analyse des décisions agrégées pour les transposer au fonctionnement macroéconomique.

Les émotions réagissent aux *stimuli* affectifs, avons-nous dit. Ce sont donc les émotions qui de ce côté-ci de la carte du cerveau, déterminent l'échelle des valeurs. Les émotions ressenties sont plus ou moins positives selon la qualité des sentiments perçus venant de l'extérieur. Le registre émotionnel vibre selon une hiérarchie de valeurs acquise dès l'enfance. C'est, bien entendu, par ce biais que les valeurs culturelles pénètrent l'identité de la personne. À partir de cette carte des émotions, le cerveau, aidé de l'esprit, va créer des représentations mentales inscrites dans des états cérébraux. Sans les représentations mentales, les émotions restent à l'état de réflexe. Si un serpent m'attaque, ma peur provoque immédiatement un recul protecteur de mon corps, mon cerveau, dans le cadre d'un processus homéostatique, aura envoyé les signaux à l'ensemble de mon corps pour qu'il réagisse. Dès que je me remémore cet évènement, je traite l'émotion et je la fais passer dans la catégorie des sentiments. J'ai toujours aussi peur, et l'émotion peut se rappeler à moi en activant les zones du cerveau concernées par la peur, mais j'ajoute une dimension rétroactive. L'émotion est alors « digérée » pour devenir un sentiment, c'est-à-dire la perception consciente de l'émotion. Ce degré supérieur de traitement de l'émotion est fondamental. Il se base dans le cerveau sur les neurones miroirs, selon un principe de simulation qui autorise l'empathie, soit la possibilité de rentrer en compréhension avec les sentiments de l'autre. Il est essentiel à l'apprentissage, car en comprenant les sentiments de l'autre, on peut apprendre de l'autre, anticiper ses réactions, et ajuster son comportement. Ce processus, maintenant bien analysé par la neuropsychologie, explique la capacité des individus à se socialiser. A contrario, on sait maintenant que les enfants souffrant de troubles du comportement de type autistique sont dans l'incapacité d'activer correctement les neurones miroirs, ce qui occasionne un grave déficit comportemental, leur interdisant une vie sociale normale. C'est donc à partir d'un processus cérébral propre à l'individu, que l'on débouche sur l'entrée dans l'environnement social. Mais, dans le même temps, on constate que dès le plus jeune âge, le rôle de l'autre, soit le plus souvent la mère, est nécessaire à la formation de la personnalité. L'expérience des enfants sauvages ou des enfants roumains isolés dans leur lit, montre que le chemin de la personnalité passe immédiatement par une relation avec d'autres personnes. Dans le cas des enfants roumains privés de toute affection et abandonnés à eux-mêmes dans leur lit, on a pu constater une sorte de trou noir dans le cortex orbitofrontal. Cette observation est de première importance. Elle prouve que la relation à l'autre, affective, amoureuse, spirituelle, influe sur la matière de notre cerveau. Dans ce cas, le spirituel détermine le matériel. L'enfant reçoit une émotion négative particulière qui est un manque d'amour, une absence de relation. La pensée émerge du cerveau qui reçoit les émotions, mais cette pensée ne peut s'épanouir que dans la relation sociale. Ce faisant, elle accède à un autre niveau pour vivre une autonomie de fonctionnement capable de rétroagir sur les représentations mentales des autres personnes. Nous comprenons, avec le cas des enfants roumains, que le spirituel est lui-même moteur du développement cérébral. Avec le cas des enfants sauvages, nous voyons les ravages de l'absence de culture. À l'instar d'une boucle de régulation où chaque élément rétroagit sur les autres éléments, l'esprit rentre dans la boucle qui constitue la personnalité. La démonstration est ainsi faite que les valeurs véhiculées par une culture pénètrent la personnalité profonde des individus et influent sur leur processus décisionnel. Nous ne sommes donc pas un tout physiologique comme le pensait Hume et le courant neuroscientifique réductionniste. Nous réduire à nos sensations en faisant découler nos idées de nos impressions ancrées dans les *stimuli* est en effet réducteur, car ignorant de l'apport exogène de la culture dans le comportement individuel. Cette capacité à rentrer dans un environnement social complexe fait de sentiments permet à l'espèce humaine de se distinguer de l'animal. En effet, c'est par l'apprentissage culturel que l'innovation peut se répandre. Joseph Henrich a défendu cette idée en expliquant que la réussite humaine, son évolution, passe par l'intelligence collective : « L'innovation dépend de l'expansion de nos cerveaux collectifs, lesquels dépendent de la capacité qu'ont les normes sociales et les institutions (et les psychologies qu'elles créent)[75] à encourager les gens à produire, à partager et à recombiner librement des idées, des croyances, des conceptions et des pratiques nouvelles. »[76]. Nos cerveaux individuels ne peuvent devenir collectifs que grâce à ce process empathique basé sur le partage des sentiments. L'homme est à l'origine un animal social, mais ce n'est que progressivement par le jeu de la coévolution entre la culture et la sélection génétique que l'Australopithèque est devenu *Homo erectus* puis *Homo sapiens* soit l'homme coopératif. L'espèce humaine, nous dit Henrich, a franchi un Rubicon sur la voie d'une fructueuse coévolution génétique et culturelle qui reste le propre de l'espèce humaine. J'ajouterai qu'elle trouve son origine, comme nous l'enseigne la neuropsychologie, dans sa capacité d'empathie.

Si nous ne sommes pas réduits par le déterminisme biologique, nous ne sommes pas non plus réduits par le déterminisme sociologique. Bien qu'influencée par la culture et l'identité biologique, la conscience aimée et éduquée se fraye un chemin de liberté entre ces deux déterminismes. L'étude neuroscientifique des états cérébraux nous rappelle que la conscience s'y origine mais également qu'elle ne peut la saisir dans sa dimension psychique. De même la sociologie ne peut complétement retirer aux individus leur part de liberté de décision sans renier le constat de la diversité culturelle. Les deux

---

[75] Ce que j'ai appelé l'éthos

[76] Joseph Henrich, *L'intelligence collective - Comment expliquer la réussite de l'espèce humaine ?* Les arènes /Markus. Aller p.468.

sciences nous signifient ainsi que les déterminismes ne peuvent réduire la part spirituelle à leur approche matérialiste.

Schéma 5. L'esprit affranchi des déterminismes sociologiques et biologiques

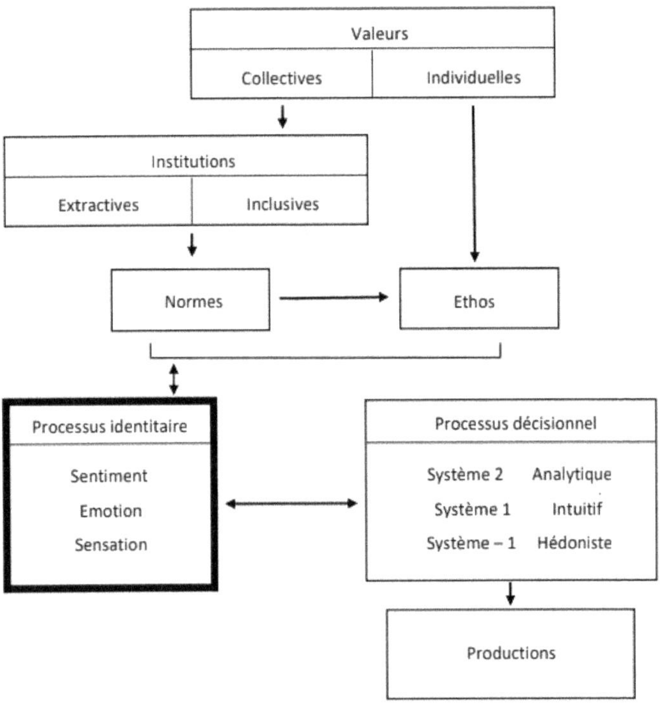

L'homéostasie socio-économique

L'organisme vivant est fait de la coopération des cellules orientée vers la vie ordonnée. La vie serait douce à l'organisme, s'il n'avait à interagir avec son milieu externe. Pour faire face à ces aléas, la nature l'a doté d'une capacité à conserver un équilibre de fonctionnement harmonieux. Ce processus est désigné, rappelons-le, par le concept d'homéostasie. Ce besoin de coopération et cette nécessité d'interactions avec l'extérieur ne sont pas sans nous faire penser à notre économie humaine. Y aurait-il dans l'espace socio-économique un même besoin de régulation, une homéostasie socio-économique ? Les ressemblances, me semble-t-il, sont instructives. Les continuités à établir entre la logique du vivant biologique et la logique du vivant social sont légitimes, puisque ce dernier s'ancre dans le vivant biologique grâce à l'acceptation du principe de rétroactivité de l'esprit qui appartient par sa nature aux deux mondes. En effet, comme nous l'avons vu, et j'y insiste, si l'esprit était un principe uniquement physiologique, la culture ne pourrait en quelque sorte le féconder. Si l'on admet que l'activité mentale consciente et ses corrélats sentimentaux sont le sommet de la boucle rétroactive, alors la culture et la nature sont solidement arrimées. Le concept d'homéostasie socio-économique devient une hypothèse fondée.

Le processus homéostatique se règle à partir des informations qu'il reçoit de l'extérieur. Son travail consiste à attribuer des valeurs aux composés dont l'organisme a besoin pour répondre aux sollicitations externes. Dans l'ordre socio-économique, rappelons-le, les valeurs ont la double qualité d'être matérielle et spirituelle : *reg* et *valere*. Le besoin d'un produit ou d'un service est valorisé par le marché ; l'échange se réalise par l'élaboration d'un prix donnant une valeur en fonction de l'offre et de la demande. Tout ceci est bien connu et fonde la théorie utilitariste. Mais cela n'explique en rien comment les valeurs culturelles s'insèrent dans le processus d'homéostasie socio-économique. Poussons plus loin notre raisonnement : l'émotion captée par la personne correspond à un accord ou à un désaccord sur les valeurs ressenties lors de l'échange relationnel. Entre la valeur et l'émotion, notre cerveau aura construit une représentation mentale capable d'échanger avec d'autres représentations mentales. C'est par une boucle rétroactive, le sentiment, que l'échange de valeurs culturelles se fera. Ce sentiment vient se loger dans le processus décisionnel soit dans le système 1, à titre de comportement réflexe, soit dans le système 2, à titre d'aide à la réflexion analytique. Ainsi les valeurs culturelles sont ressenties de manière consciente ou intuitive, et côtoient les raisonnements utilitaristes qui expliquent les comportements économiques. On sait maintenant que l'activité cérébrale ne se limite pas à l'échange des molécules entre les synapses des neurones, pourtant, par analogie, l'activité économique est souvent réduite aux seuls processus d'échanges du marché. Les décisions sur le meilleur échange ne sont pas les seules décisions économiques. Les décisions relatives à la production, au management des hommes sont en réalité premières. Enfin, les décisions relatives à la régulation du marché sont elles aussi éminemment culturelles, puisqu'elles ont un caractère d'intérêt général. La production, la régulation, l'échange harmonieux sont un tout dans le processus homéostatique de n'importe quel organisme. C'est pourquoi les valeurs culturelles pénètrent l'intégralité de ce processus, comme Tocqueville nous l'enseigne en rappelant le rôle des idées générales dans l'action humaine. Avant d'identifier les valeurs qui façonnent le processus homéostatique socio-économique, il nous faut, pour éviter toute ambiguïté, rappeler l'ordre chronologique entre l'idée et l'action. Si nous revenons à l'observation du nourrisson, nous verrons que l'action précède l'idée. Le nourrisson fait quelque chose qui lui est agréable ou désagréable, et l'idée est engendrée par cette action selon le processus de la représentation mentale. L'idée prend ensuite l'action sous son contrôle, car le cerveau enregistre l'expérience et lui rappelle l'importance de l'idée. C'est la boucle rétroactive qui donne à l'idée sa puissance de pression. L'action née d'une idée conditionne la pensée individuelle, car l'idée est le résultat d'un arrière-plan culturel. En effet, dès qu'il y a représentation mentale, il s'établit une possibilité de communication par le biais duquel pénètre l'influence culturelle. Cet arrière-plan culturel façonne notre action, notre pensée et détermine nos relations.

L'homéostasie d'un organisme est caractérisée par une fourchette de valeurs qui permet, quand elle est respectée, de maintenir le tissu vivant dans un état physiologique favorable. Là encore le parallèle avec l'homéostasie socio-économique est pertinent. Il suffit de remplacer le tissu par le concept de tissu social ou encore, pour reprendre la terminologie développée par Robert Putnam et David Halpern dans un but d'analyse économique, de capital social. Le concept de capital social fait référence au réseau social, aux structures informelles et aux normes qui facilitent l'action individuelle et collective. De même que le cerveau échange des molécules à travers les neurones, le marché échange des biens et des services, mais pour bien fonctionner, il a besoin d'un environnement qui lui soit favorable. Pour le cerveau, la tâche revient aux cellules gliales qui assurent l'oxygénation et l'alimentation des neurones qui les couvent et les débarrassent des déchets. Ce rôle dans l'organisation socio-économique est dévolu au capital social. Les cellules gliales qui étaient un peu les parents pauvres du cerveau au service des neurones, se sont vu assurer au cours des découvertes neuroscientifiques : « des fonctions bien plus complexes et subtiles que simples ménagères de neurones » comme le dit Lionel Naccache[77]. Troublant parallèle avec le capital social, parent pauvre de la science économique, pour lequel on pressent néanmoins de grandes vertus explicatives. Pour que la comparaison soit complète, il nous reste à attribuer à la confiance la fonction de la fourchette, à l'intérieur de laquelle doit se situer l'organisme pour assurer sa survie. Rappelons que les cellules gliales sont en quelque sorte la glu des neurones[78] ; en liant le tout, elles facilitent la communication des différentes zones cérébrales, tout comme la confiance assure le lien du tissu social, car plus la confiance est forte, plus le capital du tissu social est fort. La confiance correspond au niveau de capital du tissu social. Elle s'intègre donc parfaitement bien, en tant qu'échelle de valeurs, dans le processus homéostatique. Ce qui a de la valeur pour le tissu social, c'est tout ce qui a trait à une régulation sociale efficace, tout ce qui peut donner confiance aux individus pour leur permettre d'aller vers l'échange au sens large dépassant le simple cadre économique mais bien entendu l'incluant. C'est elle, qui de ce fait, détermine la capacité à diffuser l'innovation.

---

[77] Lionel Naccache, Karine Naccache, *Parlez-vous cerveau* ? Paris, Odile Jacob, 2018, p.29.
[78] Op..cit..p.27.

Schéma 6. La confiance échelle de valeurs de l'homéostasie socio-économique

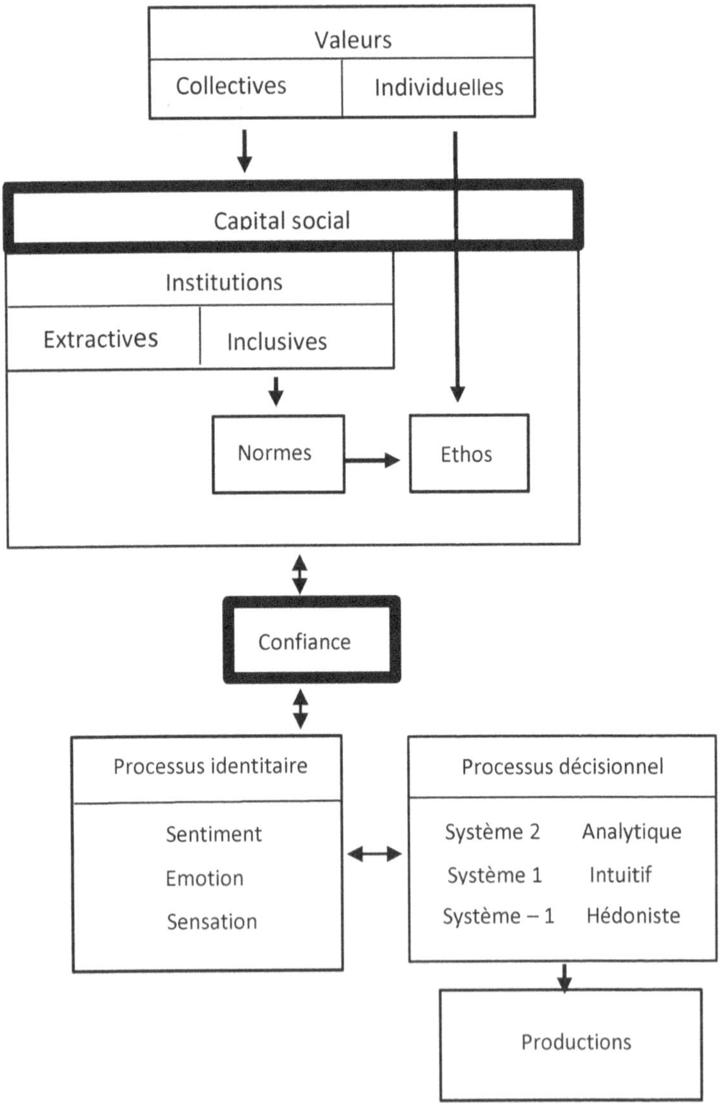

Intéressons-nous maintenant, pour compléter notre description de la régulation, au principe d'entropie. Si l'homéostasie est si importante, c'est que le milieu intérieur et sa stabilité sont nécessaires à l'organisme. Cette stabilité se mesure par le concept d'entropie. Plus l'organisme est instable, plus son entropie augmente. L'entropie est donc la mesure du désordre d'un organisme. La science nous apprend qu'il y a dans l'univers une curieuse loi de la thermodynamique par quoi dans un système isolé, l'énergie tend à se dégrader. Alors le désordre gagne, le système se délabre et devient inerte. L'organisme vivant ne peut donc pas être un système fermé qui vise une sorte d'autarcie éternelle. C'est par le contact avec le milieu qui l'entoure que l'organisme réagit et peut mourir, mais c'est aussi par ce milieu externe, quand les conditions lui sont favorables, qu'il vit car il en tire son énergie externe. Être à la fois fermé pour se protéger de l'extérieur et suffisamment ouvert pour s'en nourrir par l'échange, tel est le paradoxe du vivant. Ce phénomène de dégradation de l'énergie s'applique aussi bien aux évènements du monde physique qu'à ceux du monde vivant de la biologie et bien entendu aux sociétés humaines. Quel est donc l'équivalent pour les sociétés humaines de cette énergie qui maintient le système socio-économique en ordre ? Cette dernière question rejoint nos premières interrogations sur les valeurs qui fondent les principes homéostatiques des organisations socio-économiques.

Les macro-valeurs

Les valeurs culturelles répondent à un besoin identitaire de la personnalité, elles la modèlent et lui donnent sa dignité. Elles sont donc la force qui meut l'action individuelle et, par le biais des représentations mentales, également les actions collectives. Nous avons vu que les valeurs produisaient des institutions et que celles-ci les transformaient en normes sociales. Quant à l'*éthos*, il se nourrissait directement des valeurs. Ces valeurs interviennent sur la société à trois niveaux. Voyons comment cela se réalise. L'apparition d'une culture nécessite qu'elle produise des biens. Sa diversification entraîne des choix qui lui permettent de parcourir des chemins variés selon des milieux extérieurs plus ou moins adaptés, et son évolution ne peut se dérouler que si elle est capable d'assurer une stabilité interne harmonieuse. On reconnaît les trois fonctions de l'homéostasie : production, régulation, harmonie. Nous faisons donc l'hypothèse que dans l'ordre socio-économique, on peut retenir cet axiome simple : **toute société pour produire des biens et des services doit se nourrir d'une vision régulatrice commune et s'efforcer de maintenir la cohérence de ses membres.** Aux trois fonctions de l'homéostasie correspondent trois macro-valeurs. Etant associées au processus macroéconomique, ces valeurs se distinguent, c'est pourquoi je les qualifie de macro. Pour vérifier la justesse de cette hypothèse, nous disposons dans le registre historique d'analyses portant sur les constantes des sociétés. L'académicien Georges Dumézil mit sa culture et son intelligence exceptionnelle au service de la recherche de ces constantes. Il analysa les sociétés indo-européennes en termes de tri-fonctionnalité. Il distingua trois pôles organisant la société : la production, la souveraineté magico-religieuse et la guerre. La structure générale trifonctionnelle des sociétés concernait la vision du monde, l'idéologie de la société originelle. L'historien Georges Duby reprendra la tri-fonctionnalité de Dumézil dans son analyse de la société féodale : *Les Trois Ordres ou L'imaginaire du féodalisme*. La société à statuts, composée du paysan qui la nourrit, du prêtre qui dit la vérité sur l'ordre de la société, du guerrier qui le défend, renvoie à un imaginaire structuré qui, bien que très éloigné de notre organisation capitaliste actuelle, s'enracine dans des macro-valeurs que nous partageons, même si nous n'avons rien de commun au niveau des dispositions pratiques. Notre société capitaliste reprend cette tri-fonctionnalité en y associant son imaginaire, ses valeurs : on y retrouve la fonction de production économique, la fonction de régulation qui dit la vérité de l'ordre économique, et la fonction sociale qui défend l'harmonie sociale en veillant à la redistribution des richesses produites. Nos historiens, par des moyens très différents, ont pu reprendre les constantes de l'homéostasie sans avoir eu conscience de rejoindre ce travail scientifique. À partir de ce découpage, j'identifie trois macro-valeurs, la première est la valeur travail, car c'est par le travail que nous transformons notre société. C'est bien entendu par l'innovation que la transformation opère. La deuxième macro-valeur s'intéresse à la capacité de réguler la transformation. Or, pour justifier une transformation ou un statu quo, la société doit délivrer un discours rationnel. La raison humaine est toujours à la base d'un discours. Nous avons vu qu'elle est experte en représentations mentales, mais cette raison peut prendre les traits du mythe, de la croyance dogmatique, comme ceux de la raison critique. Notre société moderne a réussi sa transformation par la science. Elle est adepte de la raison critique, j'en ferai donc notre deuxième macro-valeur. C'est elle qui permet de justifier les transformations issues de l'innovation, et c'est elle qui introduit les progrès scientifiques dans le travail. Enfin, la recherche de la stabilité, de l'harmonie sociale, permet à la société de durer et d'évoluer. Autrefois les sociétés étaient menacées par leur milieu externe, et cette menace prenait la forme de la guerre. C'est pourquoi nos historiens mettent en avant le rôle du guerrier protecteur. Aujourd'hui il y a bien des guerres commerciales et des guerres tout court, mais dans les sociétés démocratiques, la menace vient à la fois de l'exclusion des populations internes et de l'intégration de populations externes dotées de codes culturels différents. À ceci se rajoute le danger environnemental ; les conséquences des dérèglements climatiques ayant des effets directs sur l'harmonie sociale en termes de déplacements de populations et de surcoûts liés aux externalités négatives du climat. Les Grecs avaient déifié ce principe d'harmonie en lui consacrant la déesse Homonoia. Ils avaient bien compris que le bien le plus essentiel pour la bonne santé de la *polis,* c'est son harmonie, j'en ferai donc ma troisième macro-valeur. C'est elle qui digère les externalités de l'innovation.

La valeur travail

Le travail transforme le monde si ceux qui travaillent sont reconnus socialement et valorisés en tant que tels jusqu'en haut de la hiérarchie sociale. Cette possibilité d'ascension sociale par le travail suppose que les institutions économiques soient indépendantes des institutions politiques. Car, si le politique contrôle l'économique, les processus de mutations douloureux ont toutes les chances d'être bloqués, sinon ralentis. Une économie émergente peut donner l'illusion que ce phénomène ne se produit pas. En effet, dans une économie émergente, le travail se crée par « appel » de la demande extérieure vers la zone économique produisant le bien. Une demande croissante tire un secteur économique du néant, ce qui signifie que rien n'est directement détruit dans l'économie émergente. Mais, si la structure du développement fait appel à la croissance par destruction de secteurs par suite de la création de nouveaux secteurs d'activité, les mutations sociales douloureuses seront au rendez-vous. La tentation politique de les bloquer sera alors forte. Les institutions économiques, sous la dépendance des institutions politiques, révéleront alors leurs liaisons dangereuses. C'est pourquoi, la séparation du politique et de l'économique va de pair avec l'ascension verticale pour tous. Elles caractérisent une société dotée d'une valeur travail forte. On retrouve cette valeur dans les institutions inclusives. La valeur travail a donc un effet sur l'ordre social qu'elle modifie en permanence au profit d'une nouvelle classe plus innovante. Liberté et égalité désinhibent les préjugés sociaux pour légitimer la position des nouveaux venus. La liberté et l'égalité sont des moyens de la valeur travail. Elles constituent le socle idéologique nécessaire à l'expression d'une société ouverte à la concurrence. La compétition entre les interactions favorisant le statu quo, et celles favorisant les mutations expliquent qu'avec un niveau de confiance faible, les acteurs sociaux se figent dans des institutions extractives et qu'à l'inverse, avec un niveau de confiance élevé, ils acceptent les risques des mutations au sein d'institutions inclusives. À ce mouvement d'ascension verticale, se rajoute un mouvement horizontal qui va du passé au futur. Expliquons-nous : admettons que la société soit tournée vers un passé mythique, qu'un âge d'or lui serve de modèle, dans ce cas les mutations sociales seront inhibées par cet imaginaire. En conséquence, la valeur travail ne pourra développer toutes ses potentialités. De même, si une société avance vers l'avenir avec crainte - ce qui est le cas de la société française - la valeur travail ne sera pas assez forte pour contrer les interactions défavorables aux mutations. Les institutions dans ces deux cas bénéficieront d'une force d'inertie justifiant le statu quo social, l'organisation économique tendra vers l'économie de rente et la fusion des institutions économique et politique. La tentation de relier politique et économie au détriment de l'ascension sociale pour le plus grand nombre et l'absence d'ouverture sur l'avenir prépareront les conditions d'implantation d'institutions extractives.

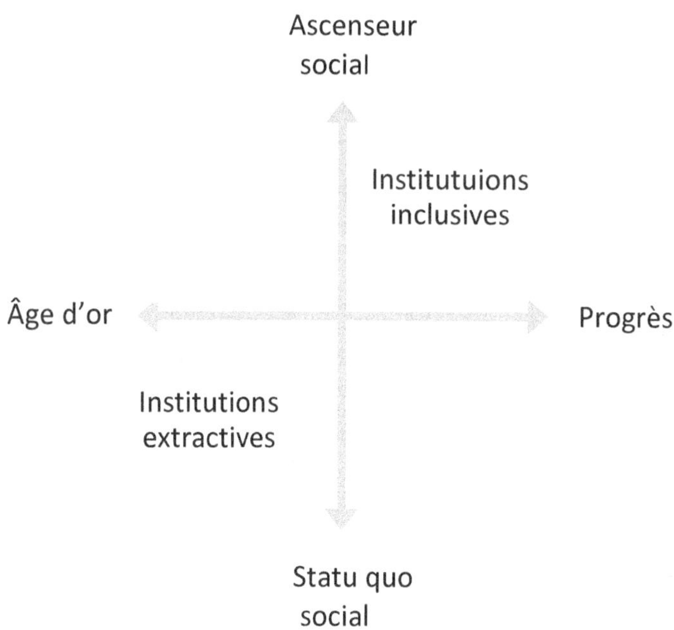

En introduisant dans le mécanisme de création de richesses une possibilité juridique de blocage de l'innovation, on ferme la porte à celle-ci. C'est un processus mortel qui a tué plus d'une civilisation, que l'on médite sur la *serrata* de la ville de Venise[79] ! En 1298, le Grand Conseil de Venise a bloqué l'usage de la *commenda*, la principale innovation commerciale ayant assuré la richesse de Venise aux nouveaux entrepreneurs. Pour éviter les mutations destructrices, les élites ont interdit aux nouveaux marchands d'innover. Le Grand Conseil de Venise a pris la décision de fermer le commerce aux nouveaux venus pour se protéger de la concurrence des jeunes gens entreprenants qui, non seulement rognaient leurs marges, mais remettaient en cause leur pouvoir politique. La *serrata* (la fermeture) de Venise a bloqué la valeur travail, elle renvoie à une autre fermeture, celle de la porte du *ijtihâd*[80] du monde musulman, qui cette fois-ci, concerne la possibilité d'interpréter la vérité religieuse en cohérence avec la raison immanente et a signifié la fin de la *falsafa*[81] en monde musulman.

La raison critique

La raison, dans sa fonction critique, participe au même titre que la valeur travail à l'énergie qui pousse une société vers son futur. La raison critique est une valeur énergisante, car c'est au sens étymologique une force de vie. Les hommes grecs se sont interrogés sur la nature et les règles de vie en société : *phusis*[82] et

[79] Voir l'analyse de Daron Acemoglu et James A. Robinson dans « *Prospérité, puissance et pauvreté* », Markus Haller, 2015, Genève, p.201-209.
[80] Qui signifie littéralement « effort de réflexion »
[81] Ou philosophie.
[82] Il faut comprendre par *phusis*, comme le soulignera Pierre Hadot : « à la fois le commencement, le déroulement et le résultat du processus par lequel une chose se constitue » ; la nature est alors conçue comme le résultat d'un processus qui a sa propre logique. Pierre Hadot, *Qu'est -ce que la philosophie antique* ? Folio Essai, Gallimard, 1995, p. 29.

nomos[83] sont les deux portes d'entrée qu'utilisera le logos pour maîtriser le monde et le transformer. La science fait évoluer nos conceptions sur la nature, la *phusis*. Ce faisant, elle possède un caractère critique qui remet en cause certaines règles liées à notre comportement social. C'est ainsi que la religion en Europe s'est sentie bousculée par les évolutions scientifiques et qu'elle a peu à peu perdu son influence sur la société. Les comportements sociaux se sont donc modifiés indirectement sous l'influence des avancées scientifiques relatives à la compréhension de la nature. Notre cerveau, nous l'avons vu, est très doué pour nous proposer de bonnes raisons d'agir, il nous fabrique des représentations mentales en permanence, ce qui fait que nous passons notre temps à interpréter. Mais sommes-nous sûrs de bien interpréter ? La raison critique se donne cet objectif et les moyens d'y parvenir avec la science. La tâche n'est pas contestable dans le monde de la *phusis*. Pour ce qui est du *nomos,* les choses sont moins claires, car empreintes de subjectivités.

La raison critique s'intéresse donc également au *nomos*, c'est-à-dire aux règles de vie en société. La raison critique est un peu comme l'enzyme d'une cellule. Elle va digérer les innovations qui traversent la société en proposant des interprétations basées sur des valeurs. Or, tant que l'évolution est comprise comme une régression, les adaptations, en commençant par le discours, ne peuvent pas se faire, car elles touchent aux fondements moraux du pacte social. En philosophie, on utilise un grand mot, on parle d'herméneutique. On entendra ici par herméneutique, l'interprétation du système moral qui fonde la société. Le processus de régulation, que l'on a constaté dans l'organisme vivant, tient grandement dans l'organisme social à l'herméneutique qu'adopte la société. La terminologie est rude, mais elle a le mérite de nous faire rentrer dans un domaine de réflexion inhabituel pour l'économiste. La question économique centrale devient alors de savoir si nous sommes capables de trouver un consensus sur la vision morale de l'économie de

---

[83] Pour le *nomos*, il s'agit de toute chose acceptée par l'usage, une coutume, une loi, un commandement, ce qui est du ressort de la culture et que l'on oppose à la nature, la *physis* ou *phusys* dans notre cas.

marché ? Derrière les débats techniques sur l'économie se profilent toujours des questions morales. En réalité, les économistes adoptent les arguments techniques qui servent leur vision morale, ils interprètent. Le débat entre économistes devient vite un dialogue de sourds, car au fond ce ne sont pas les arguments techniques qui sont en jeu, mais des conceptions morales. Alexis de Tocqueville, à qui nous nous sommes référés précédemment, nous faisait remarquer qu'il n'est pas d'action : « qui ne prenne naissance dans une idée générale que les hommes ont conçue de Dieu, de ses rapports avec le genre humain, de la nature de leur âme et de leurs devoirs envers leurs semblables[84]. », c'est, me semble-t-il, une bonne définition du système moral. Il s'ensuit que l'herméneutique du système moral, dans lequel j'englobe largement les vérités religieuses, les prudences agnostiques ou encore les convictions athées, est un moyen de faire accepter les mutations. Les possibilités d'interprétation de ce système dépendent de la relation qu'il entretient avec la raison : est-il supérieur à la raison, complémentaire, associé ? Autrement dit, la raison a-t-elle l'autorité suffisante pour mettre en question la vérité du système moral ? Il en découle une conception plus ou moins harmonieuse entre système moral et discours rationalisant qui ouvre à la société des possibilités nouvelles, autant matérielles que spirituelles. Seule une raison critique autonome pourra accompagner pleinement les évolutions. En effet, si la raison humaine est soumise à une vérité supérieure, elle proposera des interprétations en vue de sa défense, en conséquence ses capacités d'interprétation seront limitées et la société ne pourra que peu évoluer.

[84] Alexis de Tocqueville, op.cit.

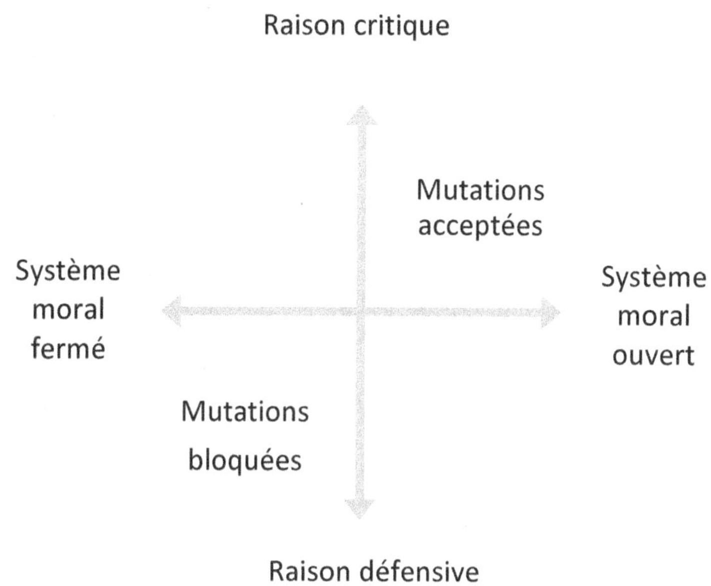

La difficulté réside dans le fait que l'herméneutique doit permettre d'adapter la société aux évolutions tout en conservant son système de valeurs pour éviter qu'elle n'éclate. Le cas du Parti communiste chinois est assez révélateur de cette capacité herméneutique. Les trois idéogrammes qui forment son nom font référence au principe d'harmonie : *gong chan dang*. Le premier signifie : « en commun pour tous » ; le deuxième : « produire ou moyens de production » ; et le troisième : « Parti ». Le PCC est ainsi le Parti de la mise en commun des moyens de production. Par ailleurs, « République » s'énonce en chinois avec trois idéogrammes, nous retrouvons *gong*, puis *he* et *guo*, ce qui signifie : « pays où l'harmonie est mise en commun ». Cette désignation est révélatrice des conceptions politiques des Chinois qui préfèrent la recherche de l'harmonie à la confrontation démocratique. Les Chinois voient dans l'autorité politique le récipiendaire d'un mandat céleste donné pour faire respecter l'harmonie. Le Parti communiste chinois (PCC) a en quelque sorte récupéré ce mandat céleste pour faire respecter l'harmonie. La souplesse sémantique des idéogrammes a permis d'adapter le discours des réformateurs qui entendent désormais le PCC comme : le Parti du produire pour tous. Le socle des valeurs marxistes, ainsi interprété, a permis d'accueillir au sein du PCC, les ennemis d'hier, soit les entrepreneurs privés ! Il en est résulté la possibilité de créer des institutions économiques inclusives, bien que les relations avec le Parti communiste restent dangereuses. La raison critique a permis, dans l'histoire occidentale, de dissocier les institutions religieuses des institutions politiques, et les institutions politiques des institutions économiques. Grâce à cette autonomisation des institutions, la construction politique a pu reposer sur une base individuelle. C'est à ce jour le seul moyen qu'ont trouvé les hommes de construire des institutions inclusives complètes. La raison critique y a joué un rôle décisif. Malheureusement dans de nombreux pays, les systèmes moraux sont encore en conflit avec celle-ci. Ceux d'entre eux qui ont fermé la porte à ce type d'interprétation se trouvent bloqués dans des institutions extractives générant de la pauvreté. Tous les efforts pour se protéger des innovations du monde moderne ne sauvegardent en rien l'harmonie sociale, mais au contraire provoquent un enchaînement de crises et des tensions communautaires. Au bout du compte, la société se met elle-même en péril car la confiance finit par fuir le corps social.

L'harmonie

Si l'on se tourne à nouveau vers l'organisme vivant, on voit que le bien le plus essentiel pour sa bonne santé, c'est l'équilibre des chimies corporelles, son harmonie. Sans harmonie, pas de santé du corps. L'harmonie doit régner dans le corps. Elle le peut grâce à la chimie organique qui apporte à tous les constituants ce dont ils ont besoin. Pour la société, la comparaison reste pertinente : tous ses membres doivent recevoir ce dont ils ont besoin, sinon la société est malade. Le chômage peut s'analyser comme un déséquilibre du système économique assimilable à une maladie sociale ; l'harmonie sociale est alors défaillante. Cette dysharmonie traduit un échec dans la régulation de nos deux valeurs précédentes : pour faire face aux modifications du milieu, la société n'a pas su activer suffisamment la valeur travail, les décisions rationnelles nécessaires n'ont pu être prises par les institutions, faute de n'avoir pu interpréter correctement les valeurs fondatrices du système social, celui-ci s'est sclérosé, l'entropie a alors gagné la société. C'est ce qui nous menace, si le travail n'est pas considéré comme la véritable source de la richesse sociale, s'il est trop taxé, immobilisé dans des secteurs non productifs, trop rigide. Contesté quant à ses effets, il devient alors impossible aux dirigeants de lutter contre le désordre économique. La prise de conscience du type de macro-valeurs que doit partager la société est fondamentale pour optimiser le système économique. C'est ainsi qu'à la *valere*, doit correspondre la *reg*, la richesse matérielle. L'économie a besoin de l'harmonie pour s'épanouir, c'est une force de vie, c'est notre troisième macro-valeur.

L'harmonie d'un groupe se traduit immédiatement en termes économiques par plus de confiance donc plus d'échanges à un coût moindre. C'est pourquoi le capital social est une notion, comme nous l'avons vu, en lien avec la confiance. Les groupes d'affaires ethniques et les réseaux de marchands migrants ont construit des communautés homogènes dotées d'un fort capital social où il était très difficile aux membres de se cacher des malversations. La confiance entre les membres a donné aux communautés sa force et a permis leur réussite économique. C'est donc un principe communautaire où s'exprime une éthique qui est à la base des réussites marchandes. La lettre de change née au Moyen Âge permettait de céder une créance à un débiteur qui se chargeait de la recouvrir. Le système faisait intervenir un tiers : le débiteur entre deux parties d'un échange commercial, soit le tireur de la lettre de change et le tiré qui se devait de régler la créance au débiteur. Un tel mécanisme de substitution des paiements n'a pu se concevoir que dans un environnement de confiance sophistiqué. À cet égard, *la blockchain*[85] est plus

[85] La *blockchain* est une technologie novatrice qui permet à des utilisateurs d'effectuer des transactions, financières ou non, garanties et auditables par tout le monde, sans avoir besoin d'un tiers de confiance. Après chaque transaction, une nouvelle ligne vient se greffer au bloc, formant une chaîne indéfectible : *la blockchain*. Elle incarne le livre de compte 2.0, l'historique de chaque transaction étant répertorié dans un registre décentralisé et redistribué. La complexité des algorithmes utilisés rend ces transactions infalsifiables in *La blockchain ou la confiance distribuée*, Yves Caseau Serge Soudoplatoff, Fondapol, Juin 2016.

qu'une continuité technologique de la lettre de change, c'est un système de garantie des transactions sans communauté humaine solidaire, reposant uniquement sur la technologie, le tiers de confiance disparaissant. La technologie se substituant au capital social pour produire de la confiance. C'est un cas particulier de confiance sans harmonie. Il y a bien un réseau de mineurs qui codent les transactions en parallèle, mais ces mineurs appartiennent à une communauté technologique dépourvue de relations humaines. La *blockchain* rend impossible la possibilité de tricher dans la transaction. Elle crée, de ce fait, de la confiance dans le système d'échange. La *blockchain* peut donc contribuer à lutter contre les institutions extractives, au même titre que le capital social basé sur des réseaux humains. L'intensité de la confiance agit, nous l'avons dit, comme les cellules gliales qui facilitent les connexions entre les neurones. Elle joue le rôle de la glu qui soude l'ensemble. Or, ce capital social est fragilisé par l'individualisme excessif de certaines sociétés capitalistes, par les inégalités qui lui sont intrinsèques, par l'idéologie de l'argent qui exacerbe les différences de revenus au détriment du sens communautaire, par le faux travail généré par la bureaucratie, mais aussi par la perte générale de sens. Cette plus grande fragilité induit une sensibilité accrue aux mutations de la mondialisation et donne prise aux dérives populistes et totalitaires.

Tout au long de l'histoire, on a pu constater que l'harmonie des communautés est aussi le point faible de l'économie, car elle offre aux institutions politiques la source de leur pouvoir et de leurs dérives. Les recherches sur le capital social s'intéressent à l'harmonie, car celle-ci est un indicateur de la qualité des réseaux sociaux, du degré de confiance qui les anime mais aussi de l'ouverture dont ils font preuve. Or, notre capital social n'est pas toujours bon pour nous. Si les deux premières macro-valeurs ne peuvent ouvrir la communauté, un processus d'enfermement communautaire s'instaure, créant un danger pour les autres communautés. Le contexte pour la construction d'institutions extractives est alors optimum. De récents travaux théoriques sur le capital social ont créé deux sous-catégories en distinguant le *bonding* et le *bridging*. Le premier est relatif au renforcement des liens sociaux internes et à l'homogénéité du groupe. On y trouve les organisations ethniques, les groupes de communautés religieuses, les clubs...Le concept de *bridging* est relatif aux mouvements extra-communautaires comme les organisations religieuses œcuméniques, les mouvements de droit civil, les mouvements de jeunes... Cette distinction est fructueuse car elle différencie l'intégration sociale intracommunautaire (*bonding*) du lien social extra-communautaire (*bridging*). Elle permet de cartographier[86] différents types de sociétés selon la qualité du lien social, sur un axe horizontal - faible intégration/forte intégration- croisé par un axe vertical - faible lien social/fort lien social. Les groupes sont ainsi répartis en fonction de la confiance qu'ils produisent en intra et en extra avec les étrangers au groupe.

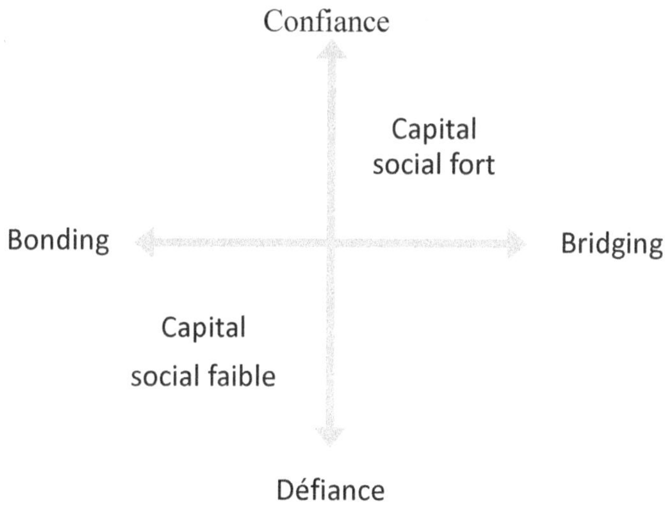

Les sociétés faisant preuve de forte intégration et de forts liens avec l'extérieur sont des sociétés de fortes valeurs morales et sont aussi les plus développées. À l'inverse, celles où les liens intracommunautaires sont faibles et où les liens extracommunautaires restent également faibles sont des sociétés de défiance où l'économie ne peut pas se développer. L'harmonie

[86] David Halpern, op cit. p.21.

sociale n'est pas à prendre d'un bloc. Pour qu'elle fabrique du capital social, il doit exister une tension féconde entre l'intégration et l'ouverture, soit entre l'identité et l'universalisme. Ce qui correspond trait pour trait à la logique du vivant, en tension entre la nécessité d'être suffisamment résistant à l'influence extérieure, et l'ouverture nécessaire pour échanger et s'en nourrir. C'est évidemment un enjeu pour nos sociétés soumises au grand vent de la mondialisation et, de ce fait, partagées entre la conservation de leurs valeurs culturelles et l'ouverture à la diversité culturelle du monde. À cette difficulté la réponse de principe tient dans l'utilisation concomitante de la valeur travail, du rationalisme et de l'universalité des liens humains dans une identité forte, pour garantir la diffusion de l'innovation, et par voie de conséquence, la prospérité économique.

Schéma 7. Les macro-valeurs

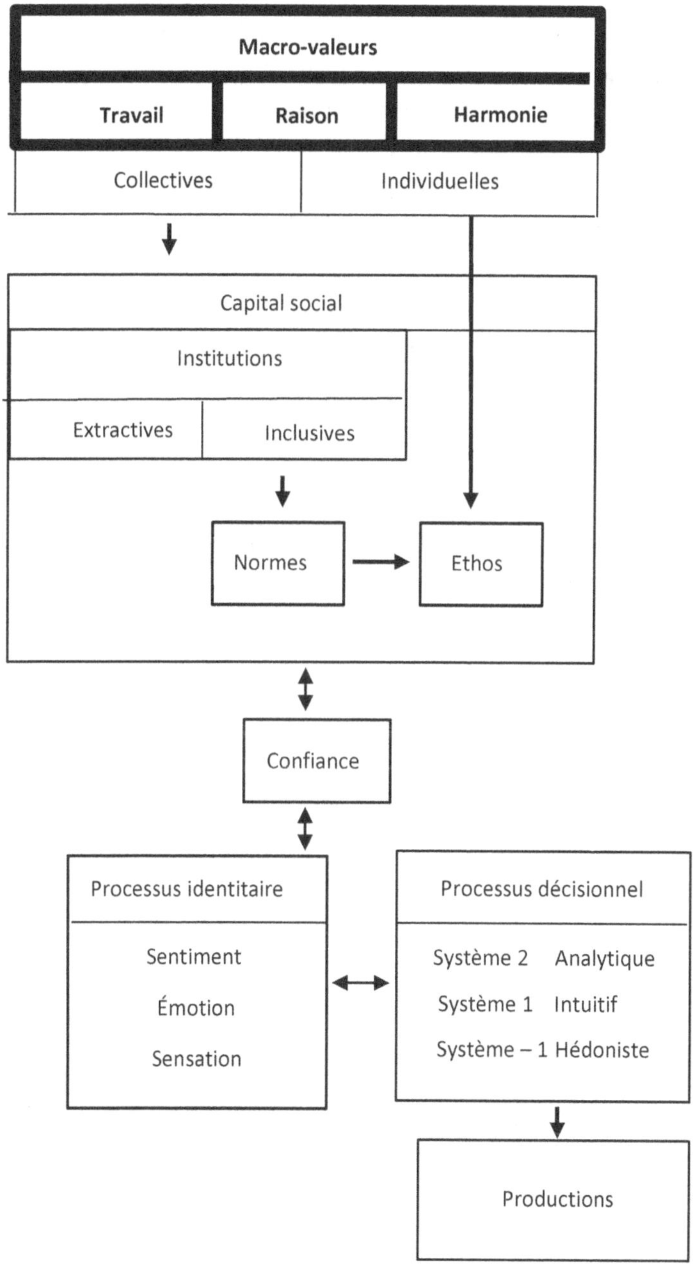

Le transculturalisme

Nous avons vu que les macro-valeurs s'appliquent aux institutions et que celles-ci forment un vaste réseau d'interactions humaines ayant pour caractéristique de produire des normes et de l'*ethos*, soit du comportement assimilé au sein d'une communauté humaine, ce que j'ai également appelé de la culture. Le réseau d'institutions est situé entre les macro-valeurs qui les façonnent, et les individus qui sont façonnés par lesdites institutions. Cette dernière relation dépend, nous l'avons vu, du filtre constitué par les normes et l'*éthos* dont jaillit la confiance qui, selon sa vigueur, nourrit les comportements individuels. En s'intéressant à ce côté des institutions, on bascule de l'observation des décisions agrégées à l'étude des décisions personnelles enserrées dans de multiples organisations sociales. On constate alors qu'il n'y a pas une organisation sociale qui est la source unique des comportements individuels imprégnés de culture, mais un réseau complexe d'institutions ; une espèce de formation réticulée, pour reprendre les analogies avec le cerveau. Chaque fois que nous prenons des décisions individuelles, elles sont conditionnées par des institutions familiales, politiques, religieuses, économiques, selon un écheveau difficile à démêler. Elles sont également conditionnées par le processus identitaire individuel selon des règles psychologiques liées aux représentations mentales. La question qui se pose à nous depuis le début de cette analyse est de savoir comment l'influence culturelle échange avec le processus identitaire. Nous avons vu que l'individu se relie à sa culture, mais il manque à notre bonne compréhension de cette relation le concept d'invariants culturels. Ceux-ci peuvent se concevoir comme les briques de base de toute culture, ces briques seraient constituées des comportements identitaires types. Ce sont leurs proportions qui caractériseraient alors la culture, un peu comme l'atome possède en son noyau des quantités variables de protons et de neutrons qui donnent à la matière sa diversité. Cette comparaison nous met sur la voie des électrons qui permettent l'assemblage des atomes en molécules et qui font circuler l'énergie. Pour notre sujet, existe-t-il un processus qui relie ces invariants culturels grâce à une énergie psychique et si oui, peut-on envisager un optimum qui permette de perfectionner les individus, ce que je propose d'appeler le transculturalisme ? Si c'était le cas, la culture ne serait plus un déterminisme conditionnant les décisions individuelles, mais un cadre propice à l'épanouissement de l'esprit conscient issu du processus identitaire. L'esprit conscient s'échapperait alors de ses conditionnements culturels pour en redevenir la source ultime, phénomène que j'ai désigné comme étant à l'origine de la boucle rétroactive institutionnelle. En se donnant pour but l'épanouissement de l'esprit conscient, le transculturalisme reconnaîtrait également la fragilité et les limites des capacités humaines. En effet, il laisserait ainsi ouverte, malgré le perfectionnement des institutions, la possibilité continue de la perte de l'énergie éthique, soit l'émergence du mal ; de ce point de vue il s'opposerait à l'*hybris* transhumaniste. Mais surtout, en libérant l'esprit des déterminismes socioculturel et biologique, il lui reconnaîtrait son autonomie. Non pas celle du transhumanisme, c'est à dire d'un homme augmentable dans ses capacités cognitives et physiques par la puissance matérielle de la science, mais celle d'un homme spirituel fait par sa relation aux autres. On le sait, la condition humaine rêvée par l'humanisme est celle de l'autonomie ; le paradoxe est qu'elle se fait par la relation, ce qui ressemble à de la dépendance, à de l'hétéronomie. Pourtant, en s'affranchissant des déterminismes matériels, l'esprit se libère et dans le même mouvement s'ouvre à plus que lui. Le transculturalisme serait donc un humanisme ouvert à la transcendance existentielle comme le pensait Sartre pour qui l'homme devait se donner des buts le dépassant. Il serait également un humanisme ouvert à la transcendance de l'esprit comme l'enseigne la tradition judéo-chrétienne qui rattache l'homme à Dieu par l'esprit pleinement conscient, sans oublier sa chute comme y insiste le christianisme. Le transculturalisme ne serait pas un projet universaliste, en ce sens qu'il viserait un dépassement des individus par les cultures, et non la fusion des cultures.

Alors quoi, le transculturalisme est-il une vue de l'esprit ou une réalité dont on trouve trace dans l'analyse comportementale ? Pour démontrer que le transculturalisme est réel, il faut le sortir du panier à surprises de la culture, sinon il risque fort de n'être qu'une simple interprétation philosophique. Revenons à nos normes et à notre *éthos* à l'origine des comportements assimilés, et tentons de retrouver les invariants culturels qui les composent. Heureusement, les organisations économiques bénéficient depuis plusieurs décennies d'un travail de recherche approfondi sur les normes culturelles ; je me baserai ici sur le travail[87] de Boris Groysberg[88], Jeremiah Lee, Jesse Price et J.Yo-Jud Cheng. Ces chercheurs ont pu développer un modèle rigoureux et exhaustif permettant d'identifier les principaux attributs de la culture d'un groupe. Huit caractéristiques ressortent dans la présentation des cultures en fonction de deux dynamiques qui se croisent : comment les gens interagissent sur un axe qui va de l'indépendance à l'interdépendance, et comment ils réagissent au changement selon un axe qui les mène de la stabilité à la flexibilité. En réalité, ces deux critères ont en commun la notion d'ouverture sur l'extérieur soit, nous l'avons vu, le principe du vivant autonome. On est au cœur du mécanisme de l'élan vital qui va de l'attachement à la rencontre. Nos chercheurs analysent donc la façon dont les gens interagissent entre eux, en fonction d'un changement, selon des comportements culturels types qui sont les suivants : la bienveillance, la finalité, l'apprentissage, le plaisir, les résultats, l'autorité, la sécurité, et enfin l'ordre. Les modèles de comportements types qu'ils décrivent sont issus des institutions et en particulier des entreprises[89] . La bienveillance se concentre sur les relations et la capacité des individus à s'entraider mutuellement dans la réalisation d'un travail. La finalité unit les individus d'une communauté de travail à des idéaux qui les dépassent pour s'adresser à des communautés globales.

---

[87] Harvard Business Review, *Changer la culture de votre entreprise pour améliorer sa performance,* Juin-juillet 2018, p.41-55.

[88] Respectivement professeur à la Harvard Business School, dirigeant de l'innovation pour les services de conseil chez Spencer Stuart, leader en services de culture organisationnelle chez Spencer Stuart, doctorant à l'unité stratégie de la Harvard Business School.

[89] Ils ont analysé les cultures de plus de 230 sociétés et les valeurs de plus de 1300 cadres dans un large échantillon de secteurs d'activités, de régions géographiques (continentales) et de types d'organisation (publique, privée et à but non lucratif).

L'apprentissage fait naître de nouvelles idées dans un esprit de curiosité pour les innovations. Le plaisir s'exprime par l'amusement et un enthousiasme stimulant. Les résultats se caractérisent par l'aspiration à réaliser des performances. L'autorité se définit par la force, la compétition audacieuse, et la domination. La sécurité se définit par la prudence, la planification et le désir d'anticiper le changement. Enfin, l'ordre se caractérise par le respect des normes. Si ces types de comportements correspondent à des invariants culturels, on doit pouvoir retrouver une cohérence avec les macro-valeurs décrites ci-dessus dont ils sont des éléments de base. On remarquera que les invariants culturels se positionnent par rapport à la question du changement, ce qui correspond précisément au problème que doit résoudre l'homéostasie socio-économique à la suite d'une innovation. Les comportements culturels vont donc se répartir en fonction de cette question du changement : est-on plus ou moins ouvert au changement, flexible, hiérarchique, attaché à un ordre ? Les valeurs d'ordre, de sécurité et d'autorité se démarquant par une plus grande recherche de la stabilité. La mission de la raison critique est d'utiliser l'autorité pour adapter l'ordre et rassurer par le gage d'une certaine stabilité. Dans un deuxième temps, on notera que le second axe de répartition des invariants culturels est celui de l'interdépendance entre les membres d'une société, ce qui correspond à la fois à notre macro-valeur travail, et à notre macro-valeur d'harmonie. En effet, pour qu'un modèle culturel libère une quantité considérable de capacité de travail, il doit désinhiber tous les facteurs qui freinent les besoins et les motivations personnelles. La valeur travail tient son intensité et ses résultats de cette indépendance des énergies individuelles. Les valeurs de résultats, d'apprentissage et de plaisir, correspondent à cette dynamique. Nous avons également vu que le groupe est indispensable à l'épanouissement de l'individu. Le travail en groupe doit donc comporter une dimension bienveillance qui valorise les individualités de façon harmonieuse et les positionne par rapport à des valeurs de finalité les ouvrant à des objectifs supérieurs au groupe, ce que les analystes du capital social appellent *bridging*. Nos huit valeurs se retrouvent donc dans la continuité du processus homéostatique et s'intègrent dans la logique des trois macro-valeurs. La « glu » confiance facilitant les interactions convergentes entre les individus et la réaction positive au changement. Ce niveau d'analyse relatif à la convergence est également cohérent avec les recherches portant sur la nature des institutions. Les institutions extractives correspondent à des sociétés où il y a de faibles convergences[90] entre les individus. Le communautarisme y est exacerbé, contrairement aux institutions inclusives qui se caractérisent par une forte convergence, l'harmonie y étant plus forte, les points de vue y sont plus alignés. Il est assez remarquable que nos auteurs aient pu observer dans les sociétés convergentes, outre une optimisation de nos trois macro-valeurs, une prédominance des individus portant des valeurs de bienveillance, de résultat, d'apprentissage et de finalité. Les analyses des consultants dans l'entreprise ont le gros avantage, par rapport aux analyses philosophiques, d'avoir une visée pratique immédiate. L'entreprise doit affronter le changement induit par les innovations internes ou externes pour s'adapter. Les conseillers se posent donc la question de savoir comment optimiser les interactions d'hommes dotés de types culturels différents. La conclusion qui s'impose est qu'il faut faire converger, dans la mesure du possible, les types culturels vers l'acceptation de la flexibilité et libérer les motivations personnelles dans un climat de confiance, sans quoi l'entreprise rate sa mue. La difficulté de l'exercice vient du fait que tous les types culturels ne sont pas également doués et que le leader doit partir d'un historique. Sans s'embarrasser de considérations théoriques, dans le monde de l'entreprise la définition d'une stratégie s'impose, et le leadership pour la mettre en œuvre également. La culture de l'entreprise s'optimise donc par des hommes qui ont conscience des limites culturelles de leur organisation et qui se donnent des moyens pour un objectif à atteindre. On retrouve la pensée consciente du transculturalisme à l'origine de la mutation culturelle. En activant une stratégie, le leader ne fait en réalité qu'actionner les principes homéostatiques en déployant plus ou moins les trois macro-valeurs. La valeur travail pour libérer au maximum l'énergie des individus, la raison

---

[90] À ne pas confondre avec la fusion des individus, caractéristique des sociétés holistiques.

critique pour construire une stratégie rationnelle qui emporte la conviction, l'harmonie pour amener les équipes à converger vers un même objectif. S'il veut réussir, le leader doit être juste et s'appuyer sur une éthique. Le leader passe d'un état culturel à un autre, il passe à travers une situation culturelle pour la transformer, l'adapter à un environnement extérieur et perfectionner son organisation sociale. Cette organisation est composée de multiples invariants culturels qui conditionnent les manières d'agir des individus. La modification de leurs proportions crée des cultures variées, mais certaines sont plus adaptées que d'autres à leur environnement et à l'épanouissement des individus qui le composent. Le projet transculturel est une réalité dans l'entreprise, car celle-ci est soumise à l'innovation qui lui impose en permanence de muer en s'appuyant sur des individus qui doivent donner le meilleur d'eux-mêmes. Les sociétés organisées autour d'institutions extractives ont moins de dispositions à susciter des comportements individuels éthiques. Les sociétés encourageant la dépendance suscitent des comportements concourant à la fermeture des individus et des groupes, les invariants culturels se dépouillent alors de leur énergie éthique, la corruption gagne la société. À l'inverse, les sociétés organisées autour d'institutions inclusives suscitent des comportements individuels éthiques et provoquent une convergence des comportements individuels et l'ouverture des groupes. Ainsi, l'éthique en créant la confiance, réassemble les invariants culturels pour susciter des comportements individuels plus ouverts et plus interdépendants.

Si l'on veut bien appliquer la visée transculturelle à la société dans sa globalité, on est conduit à admettre qu'il existe un optimum social à atteindre en fonction d'un cadre culturel, mais surtout que ce cadre doit être modifié s'il n'est pas assez performant. Les hommes sont très attachés à leur culture et ne sont pas facilement prêts à reconnaître ses défauts pour la faire évoluer. Mais le simple fait de se poser cette question et de prendre conscience de l'existence de lois sociales est un acte homéostatique en soi. Ainsi, l'esprit individuel prend conscience de règles culturelles nées des normes et de l'*ethos*, c'est donc qu'il peut les changer et échapper au déterminisme social pour faire évoluer la société. Il me semble que nous aurions de grands avantages à nous inspirer du travail fait en entreprise pour cartographier, selon cette grille d'invariants culturels et sa dynamique homéostatique, les pays un à un et à communiquer cette cartographie culturelle aux citoyens. La cartographie des valeurs culturelles aurait un autre impact sur les esprits que la communication de la valeur des richesses sous forme de PIB car elle relierait le système de valeurs au niveau de PIB. Ce faisant, elle obligerait les citoyens à s'interroger sur leurs comportements collectifs et individuels.

Schéma 8. Le transculturalisme

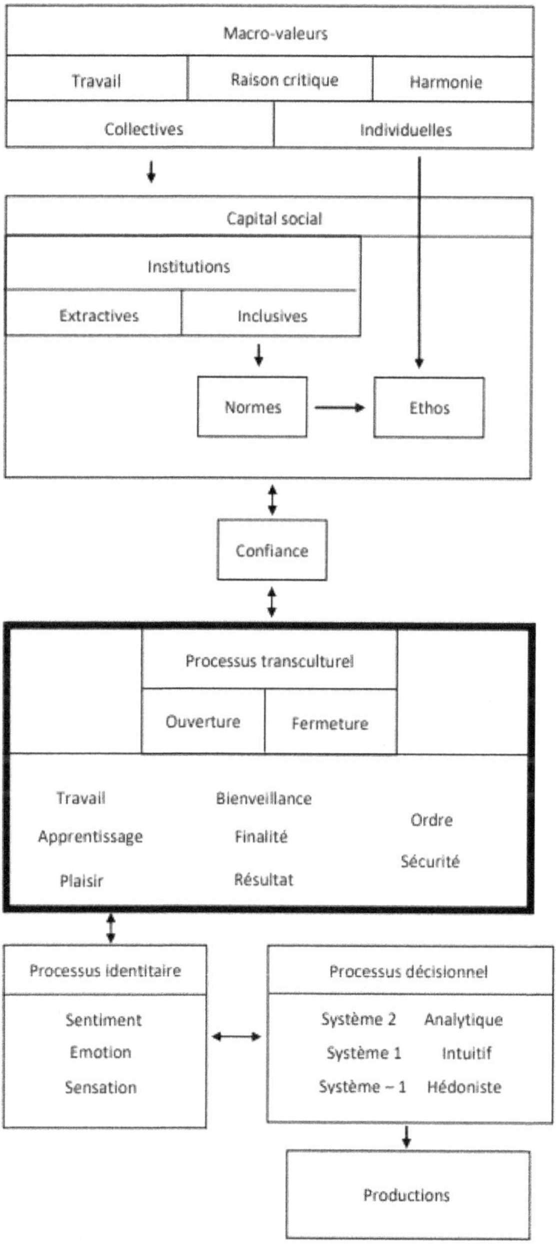

Conclusion

La science économique, en traitant de la question de l'innovation comme centrale au processus de création de richesses, a le pouvoir de mettre beaucoup d'idées fausses au placard. La première d'entre elles étant la conception erronée de la création de richesses entachée du péché originel d'exploitation capitaliste. Pour en faire la démonstration, j'ai voulu montrer que la théorie du déversement permet de sortir des « diableries » qui encombrent le discours politique. Il fallait aussi distinguer l'économie de rente de l'économie d'innovation pour se donner les moyens de mieux comprendre leurs effets respectifs. Je pense qu'une meilleure compréhension de l'origine de la richesse nous donne la capacité de remettre le défi des mutations dans un cadre plus général qui est celui d'une évolution créatrice et non pas destructrice. D'autre part, en introduisant les valeurs dans le processus de création de richesses, j'ai tenté de réconcilier une science à l'objet purement matériel avec les sentiments qui motivent nos actions. J'ai proposé de réunir sous le concept d'homéostasie socio-économique les différentes recherches éparses qui s'intéressent aux liens entre la culture et l'économie : les analyses sur le rôle des institutions d'un côté, celles sur le capital social de l'autre, les réflexions historiques sur la confiance d'une part, les expérimentations sur les processus décisionnels d'autre part, et enfin le travail précieux sur la culture d'entreprise qui apporte la vérification des théories par l'expérimentation indispensable à toute avancée des connaissances. Cette synthèse montre que les valeurs répondent à des logiques qui permettraient de les cartographier par pays. Comme on mesure le PIB, on devrait pouvoir le faire pour les valeurs. Les enquêtes d'opinion à grande échelle pourraient ainsi enrichir une vaste base de données propre à la réalisation de ces cartes décrivant les relations et le poids des valeurs dans le processus de production. Des appréciations plus objectives basées sur un travail scientifique seraient de nature à accélérer les prises de conscience sur les causes culturelles des difficultés économiques. Bien que cette approche purement rationnelle, dans un domaine où les sentiments sont rois, rencontrerait des difficultés, ce ne serait pas la première fois que les Lumières jetteraient un regard critique sur nos conventions. Cependant, dans une telle démarche, les valeurs des Lumières seraient également concernées, ce qui amènerait à se poser la question de leurs limites et de leur nécessaire ouverture aux questions spirituelles. Cette démarche « transculturelle », c'est-à-dire visant à l'épanouissement des personnes à travers leur culture, produirait des débats plus riches, car mieux documentés, sur les évolutions culturelles à amorcer et les solutions à mettre en œuvre pour y parvenir.

Le capital culturel qui s'exprime par la diversité des innovations a besoin du capital social et du développement économique pour s'épanouir et créer des cultures variées. Ceux qui craignent que la mondialisation de l'économie soit la porte ouverte à un universalisme sans couleurs et sans saveurs se trompent lourdement car la mondialisation de l'économie est avant tout un mouvement de différenciation. En effet, il s'oppose à l'unification par la pauvreté dont veulent légitimement sortir les peuples qui en sont affligés. Ainsi, la convergence des invariants culturels vers un plus grand épanouissement des individus est aussi un mouvement de différenciation.

J'ai tenté de relier les neurosciences aux humanités, ce qui s'avère en définitive une entreprise spirituelle. Je reste conscient du fait que la neuro-culture qui réduit l'esprit aux neurones n'est pas compatible avec une conception de l'esprit autonome ouvert aux valeurs sources de la variété des cultures. Cette incompatibilité entre l'approche matérialiste et l'approche spirituelle constitue aujourd'hui un obstacle infranchissable, peut-il en être autrement ? Le passage des états cérébraux à l'esprit conscient demeure pour le moment inexpliqué, mais ce qui est sûr c'est que nous pensons donc que nous sommes et que nous sommes à partir d'une réalité culturelle en soi. Cette réalité culturelle bénéficie d'un processus homéostatique, c'est-à-dire d'un système de règles qui lui est propre. L'autonomie des règles culturelles les différencie des lois de la *phusys* qui sont des lois de la nécessité alors que les lois du *nomos*, à caractère culturel, sont celles de l'éthique. Rien n'est nécessaire dans le fonctionnement social mais, selon que les décisions agrégées s'orientent ou non vers des comportements éthiques, nos institutions sont plus ou moins inclusives et nos économies plus ou moins développées. Nos valeurs, par la puissance de la boucle rétroactive, gardent le lien entre le monde matériel et le monde spirituel, le *reg* et le *valere* sont les deux visages de l'économie. Cette intrication concerne la science économique qui se doit de l'intégrer pleinement dans ses recherches. Répétons-le : en vertu des lois du *nomos,* rien n'échappe à la puissance de l'esprit dans le monde économique. C'est pourquoi, l'innovation qui bouleverse les sociétés se présente comme un principe d'évolution créatrice : l'esprit en est à l'origine, il baigne dans un environnement culturel de valeurs qui, selon nos choix éthiques, permettent l'optimisation de l'évolution. Je me suis figuré l'économie avec ces graduations matérielles et spirituelles comme une échelle de Jacob. J'ai voulu monter les échelons de cette échelle pour aller au bout de la logique des valeurs car au denier échelon la question spirituelle est inévitable. Or, nos sociétés modernes ont un problème d'harmonie sociale à résoudre en rapport avec la question spirituelle. Elles sont bousculées par leur ouverture sur le monde et n'arrivent pas à construire un récit positif fédérant des citoyens d'origines culturelles diverses. La mondialisation des échanges et le mélange des populations qui en découle se heurte à la différence des cultures et des religions. La création de richesses n'est plus acceptée quand elle vient d'un processus d'ouverture qui heurte doublement les communautés nationales : d'abord par l'arrivée d'un flux d'immigrés, et ensuite par l'accroissement des inégalités économiques. L'idéologie libérale en promouvant l'ouverture, se heurte ainsi directement aux conservatismes qui protègent la société des agressions extérieures. Dans ces conditions, le récit du progrès s'est estompé au profit d'un récit empreint de pessimisme, celui que j'ai pu constater dans mes dîners en ville. Il me semble que pour faire face à ces difficultés, il faut retrouver la source éthique qui permet d'optimiser l'économie conçue comme lieu d'épanouissement par le travail. C'est cette approche, fidèle à la démarche scientifique qui m'a donné la liberté et la possibilité de situer l'éthique à la racine de l'économie. La liberté, car il fallait se dégager des présupposés matérialistes de l'éthique utilitariste, et la possibilité, car les progrès des neurosciences ont pu servir de fondement à l'introduction des valeurs culturelles dans les comportements économiques. C'est une bonne nouvelle de comprendre que notre monde économique matériel dépend pour son accomplissement de ressorts spirituels. En effet, il ne tient qu'à nous, sur ce chemin rempli de difficultés, de conduire nos sociétés, nos entreprises, vers une unité différenciante et pleine d'opportunités où s'accomplit tout l'homme y compris dans sa dimension spirituelle.

Ascain, le 03/10/2021

Bibliographie

Anti Piketty, *Vive le Capital au XXIe siècle* !, Nice, Libréchange, 2015.

Aristote, *Ethique à Nicomaque*, Le Livre de poche, Classique de la philosophie, 1992.

Acemoglu Daron et A. Robinson James, *Prospérité puissance et pauvreté, Pourquoi certains pays réussissent mieux que d'autres*, Genève, Markus Haller, 2015.

Aghion Philippe, *Leçons inaugurales du Collège de France, Repenser la croissance économique*, Collège de France/Fayard, 2017.

Aghion Philippe, *Le pouvoir de la destruction créatrice, innovation croissance et avenir du capitalisme*, Odile Jacob, 2020

Angus Deaton, *La grande évasion, Santé, richesse, et origine des inégalités,* PUF, 2016.

Atlan Henri, *La philosophie dans l'éprouvette*, Bayard, 2010.

Baechler Jean, *Les origines du capitalisme*, idées N. R. F, 1971.

Bastiat Frédéric, *Ce que l'on voit et ce que l'on ne voit pas, ou l'économie politique en une leçon*, (5ème édition) (Ed/1879) Hachette livre, B. N. F.

Bergson Henri, *L'évolution créatrice,* Quadrige PUF, 1941.

Berthoz Alain, *La simplexité*, Paris, Odile Jacob, 2009.

Berthoz Alain, *La vicariance : Le cerveau créateur de mondes*, Paris, Odile Jacob, 2013.

Jill BolteTaylor, *Voyage au-delà de mon cerveau,* J. C Lattès, 2008.

Bourdieu Pierre, *Les structures sociales de l'économie,* Points Essai.

Braudel Fernand, *La dynamique du capitalisme*, Arthaud, 1985.

Brender Anton, Pisani Florence, *L'économie américaine*, Repères700, La Découverte, 2018.

Bronner Gérald, *La démocratie des crédules*, PUF, 2013.

Bronner Gérald, *La planète des hommes, Réenchanter le risque*, PUF, 2014.

Carosella Edgardo D, Thomas Pradeu, *L'identité, La part de l'autre, Immunologie et Philosophie*, Paris, Odile Jacob, 2010.

Caseau Yves, Soudoplatoff Serge, *La blockchain, ou la confiance distribuée*, Fondapol, Juin 2016.

Changeux Jean Pierre, Ricœur Paul, *La Nature et la Règle : Ce qui nous fait penser,* Paris, Odile Jacob, 1998.

Changeux Jean-Pierre, *Du vrai, du beau, du bien*. Paris, Odile Jacob, Poches, 2010.

Chauvel Louis, *La spirale du déclassement : Essai sur la société des illusions*, Seuil, 2016.

Clayton Philip, *Les origines de la Liberté, L'émergence de l'esprit dans le monde naturel*, Paris, Salvator, 2009.

Coase RH, *La nature de la firme*, Revue française d'économie, Volume 2 N°01, 1987.

Collin Dominique, *Le Christianisme n'existe pas encore,* forum salvator, Paris, 2018.

Condorcet, *Esquisse d'un tableau des progrès de l'esprit humain*, Paris, G. F- Flammarion, 1988.

Damasio Antonio, *L'autre moi-même, Les nouvelles cartes du cerveau, de la conscience et des émotions*, Paris, Odile Jacob, 2010.

Damont Julien, *Mesures de la pauvreté, Mesures contre la pauvreté*, Fondapol, 2016.

Daniel Jean Marc, *3 controverses de la pensée économique : travail dette, capital,* Paris, Odile Jacob économie, 2016.

Dehaene Stanislas, *Vers une science de la vie mentale*, Leçons inaugurales du Collège de France, Collège de France/Fayard, 2006.

d'Espagnat Bernard, *À la recherche du réel, Le regard d'un physicien.* Paris, Dunod, 2015.

Duffau Hugues, *L'erreur de Broca, Exploration d'un cerveau éveillé*, Neuilly sur Seine, Michel Lafon, 2016.

Dumont Louis, *Essais sur l'individualisme - Une perspective anthropologique sur l'idéologie moderne,* Paris, Esprit/Seuil, 1983.

Durkheim Emile, *Les règles de la méthode sociologique*, Champs Flammarion.

Duvoux Nicolas, *Les inégalités sociales*, Que sais-je.

Einstein Albert, *Comment je vois le monde*, Paris, Champs Flammarion, 1979.

Ellul Jacques, *Le système technicien*, Paris, Calmann-Levy, 1977.

Fontaine Laurence, *Le Marché. Histoire et usages d'une conquête sociale,* N. R. F essais, Gallimard, 2014.

Fourastié Jean, *Pouvoir d'achat, prix et salaires*, Idées Gallimard, 1977.

de Waal Frans, *L'âge de l'empathie, Leçons de la nature pour une société solidaire,* LLL Les liens qui libèrent, 2009.

Frith Chris, *Comment le cerveau crée notre univers mental*, Odile Jacob, Sciences, Paris, 2010.

Fukuyama Francis, *La Confiance et la puissance, vertus sociales et prospérité économique.* Plon, 1997.

Gabriel Markus, *Pourquoi je ne suis pas mon cerveau*, J.C Lattès. 2017.

Gauchet Marcel, *Le Désenchantement du monde- Une histoire politique de la religion*, N. R. F, Gallimard, 1989.

Gazzaniga Michael S, *Le libre arbitre et la science du cerveau*, Paris, Odile Jacob, 2011.

Giraud Pierre-Noël, *L'homme inutile, Une économie politique du populisme,* Paris, Odile Jacob, 2017.

Goux Dominique et Maurin Eric, *Les nouvelles classes moyennes, La république des idées,* Paris, Seuil, 2012.

Guellec Dominique, *Économie de l'innovation*, La Découverte, 2017.

Grimaldi Nicolas, *Bref traité du désenchantement*, Agora Pocket, 2017.

Groysberg Boris, Lee Jeremiah, Price Jesse et Cheng J.Yo-Jud, Harvard Business Review, *Changer la culture de votre entreprise pour améliorer sa performance,* Juin-juillet 2018.

Guilaine Jean, *Le Chalcolithique et la construction des inégalités*, Tome I et II, Le continent européen, Séminaire du Collège de France, Paris, Editions Errance, 2007.

Hadot Pierre, *Qu'est-ce que la philosophie antique ?* Folio Essai, Gallimard, 1995.

Halpern David, *Social Capital*, Cambridge, Polity press, 2008.

Haskel Jonathan, Westlake Stian, *Le capitalisme sans capital*, PUF 2019

Hirschman Albert O, *Les passions et les intérêts*, Paris, Quadrige/PUF,
1997.

Heinich Nathalie, *Des valeurs. Une approche sociologique*, N. R. F, Éditions Gallimard, 2017.

Henrich Joseph, *L'intelligence collective, Comment expliquer la réussite de l'espèce humaine,* les arènes/Markus Haller, 2019.

Hume David, *Enquête sur l'entendement humain*, Classiques de la philosophie, 1999.

Hume David, *Réflexions sur les passions*, Le livre de poche, Classiques de la philosophie, 1990.

Jacob François, *La Logique du vivant, une histoire de l'hérédité*, Gallimard.

Jeammet Philippe, *Quand nos émotions nous rendent fous : un nouveau regard sur les folies humaines*, Odile Jacob, Paris, 2017.

Jullien François, *Conférence sur l'efficacité*, Quadrige, PUF, 2020.

Kahneman Daniel, *Système 1/ système 2, les deux vitesses de la pensée,* Clés des champs, 2016.

Kant Emmanuel, *Leçons d'éthique*, Paris, Classiques de poches, 1997.

Karli Pierre, *Le besoin de l'autre* : *une approche interdisciplinaire de la relation à l'autre,* Paris, Odile Jacob, 2011.

de Kerimel Loïc, *En finir avec le cléricalisme*, Seuil, 2020.

Keynes J.M, *Lettre à nos petits-enfants*, Les Liens qui Libèrent, 2017.

Keynes J.M, *Théorie Générale de l'Emploi, de l'intérêt et de la monnaie*, Payot, 2016.

Keynes J.M, *Essai sur la monnaie et l'économie, la fin du laisser-faire,* Payot, 1971.

Laplane D, Lambert J-F, Stoléru S, Ide P, Charmetant E, Association des scientifiques chrétiens, *Liberté et Cerveau. Quelle liberté à l'heure des neuro-sciences ?* Parole et Silence.2015.

Lestienne Rémy, *Dialogues sur l'émergence*, Paris, Mélété Le Pommier, 2012.

Lorphelin Vincent, *La république des entrepreneurs*, Fondapol, 18 janvier 2017.

Mahler Margaret, *La naissance psychologique de l'être humain,* Paris, Petite bibliothèque Payot, 1980.

Marshall Sahlins, 2017, *Âge de pierre, âge d'abondance : L'économie des sociétés primitives,* Paris, Folio, 2017,

Marx et Engels, *Manifeste du Parti communiste*, Paris, G.F Flammarion, 1998.

Mauss Marcel, *Essai sur le don : Forme et raison de l'échange dans les sociétés archaïques,* Quadrige, PUF.

Mill John Stuart, *L'utilitarisme*, Paris, Champs Flammarion, 1988.

Montesquieu, *De l'esprit des lois II*, Paris, G F Flammarion, 1979.

Naccache Lionel, *Parlez-vous cerveau ?* Paris, Odile Jacob, 2018.

Norberg Johan, *Non ce n'était pas mieux avant, dix bonnes raisons d'avoir confiance en l'avenir*, Plon, 2017

OCDE, *L'économie mondiale : statistiques historiques*, Paris, 2003

Omnès Roland, *La révélation des lois de la nature*, Paris, Odile Jacob, Sciences, 2008.

Ortega y Gasset José, *Méditation sur la technique*, Allia, 2017.

Otte Marcel, *À l'aube spirituelle de l'humanité : une nouvelle approche de la préhistoire,* Paris, Odile Jacob, 2012.

Otte Marcel, *L'audace de Sapiens : Comment l'humanité s'est constituée*, Paris, Odile Jacob, 2018.

Penel Denis, *Travail, la soif de liberté*, Eyrolles, 2017,

Peugny Camille, *Le destin au berceau, inégalités et reproduction sociale,* La république des idées, Seuil. 2013.

Peyrefitte Alain, *Du « miracle » en économie*, Leçons au collège de France, Paris, Editions Odile Jacob, 1995.

Peyrefitte Alain, *La société de confiance*, Paris, Editions Odile Jacob, 1995.

Peyrelevade Jean, *Changer ou disparaître, Adresse au patronat*, Editions de l'Observatoire, Paris, 2018.

Phelps Edmund, *La prospérité de masse*, Paris, Odile Jacob économie, 2017.

Piketty Thomas, *Le capital au XXIe siècle,* Les Livres du nouveau monde, Seuil, 2013.

Pisani Florence, Brender Anton, *L'économie américaine*, collection repères, la découverte, 2018.

Polanyi Karl, *La subsistance de l'homme, La place de l'économie dans l'histoire et la société,* Paris, Bibliothèque des savoirs, Flammarion, 2011.

Rawls John, *Théorie de la justice*, Paris, La Couleur des idées, Seuil, 1987.

Rifkin Jeremy, *La nouvelle société du coût marginal zéro : L'internet des objets, l'émergence des communaux collaboratifs et l'éclipse du capitalisme*, LLL, 2014.

Roux Didier, *Découvertes, inventions et innovations*, Collège de France/Fayard, 2017.

Sauvy Alfred, *L'économie du diable*, Paris, Calmann-Lévy, 1976.

Schrödinger Erwin, *L'esprit et la matière*, Sciences, Points.

Schumpeter Joseph, *Capitalisme, socialisme et démocratie*, Payot.

Sen Amartya, *Ethique et économie*, Oxford, PUF, 1991.

Sen Amartya, *Repenser l'inégalité*, Editions du seuil, 2000.

Smith Adam, *Recherche sur la nature et les causes de la richesse des nations*, Flammarion, 1991.

Smith Adam, *Théorie des sentiments moraux*, Paris, Léviathan, PUF, 1999.

Spinoza Baruch, *L'éthique.*

Teilhard de Chardin, *L'énergie humaine*, Points Sagesses.

Teilhard de Chardin, *Le phénomène humain*, Points Sagesses.

Tisseron Serge, *L'empathie au cœur du jeu social*, Paris, Albin Michel, 2010.

de Tocqueville Alexis, *De la démocratie en Amérique, les grands thèmes*, idées/Gallimard.

Table des matières

Prologue 7

Introduction 11

Chapitre 1 21

L'économie perturbée par les jugements de valeur 21

- Non, ce n'était pas mieux avant ! 21
- Écologisme versus transhumanisme 27
- La réalité factuelle et sa mesure subjective 29
- L'erreur de Schumpeter : la destruction créatrice 32
- La loi de Say revisitée 35
- L'appel et le 39
- La mer des coûts 41
- Le paradoxe de Münchhausen 44
- Capitalisme de rente contre capitalisme d'innovation .. 48

Chapitre 2 53

L'économie du diable 53

- Innovation et chômage 53
- Le modèle de la toile cirée 53
- Le retour d'Aristote 56
- Qui a pris la richesse ? 61
- Inégalités de quoi ? 69
  - Vers un monde de melons 71
  - Les roues inversées 78
  - La mobilité sociale et le sentiment de déclassement 82
  - Le cas américain 83
- Un éléphant ça trompe énormément 87

Chapitre 3 93
L'économie par les valeurs 93
L'élargissement du domaine d'analyse de la science économique 93
Passer de la décision individuelle aux décisions agrégées : les représentations mentales 95
La boucle rétroactive institutionnelle 98
Les valeurs, source des décisions économiques 100
Les comportements assimilés constitutifs de la culture 103
L'esprit affranchi des déterminismes sociologiques et biologiques 107
L'Homéostasie socio-économique 112
Les macro-valeurs.. 117
La valeur travail 120
La raison critique 122
L'harmonie.. 126
Le transculturalisme 132
Conclusion 141
Bibliographie... 145

Structures éditoriales du groupe L'Harmattan

L'Harmattan Italie
Via degli Artisti, 15
10124 Torino
harmattan.italia@gmail.com

L'Harmattan Hongrie
Kossuth l. u. 14-16.
1053 Budapest
harmattan@harmattan.hu

L'Harmattan Sénégal
10 VDN en face Mermoz
BP 45034 Dakar-Fann
senharmattan@gmail.com

L'Harmattan Cameroun
TSINGA/FECAFOOT
BP 11486 Yaoundé
inkoukam@gmail.com

L'Harmattan Burkina Faso
Achille Somé – tengnule@hotmail.fr

L'Harmattan Guinée
Almamya, rue KA 028 OKB Agency
BP 3470 Conakry
harmattanguinee@yahoo.fr

L'Harmattan RDC
185, avenue Nyangwe
Commune de Lingwala – Kinshasa
matangilamusadila@yahoo.fr

L'Harmattan Congo
67, boulevard Denis-Sassou-N'Guesso
BP 2874 Brazzaville
harmattan.congo@yahoo.fr

L'Harmattan Mali
ACI 2000 - Immeuble Mgr Jean Marie Cisse
Bureau 10
BP 145 Bamako-Mali
mali@harmattan.fr

L'Harmattan Togo
Djidjole – Lomé
Maison Amela
face EPP BATOME
ddamela@aol.com

L'Harmattan Côte d'Ivoire
Résidence Karl – Cité des Arts
Abidjan-Cocody
03 BP 1588 Abidjan
espace_harmattan.ci@hotmail.fr

Nos librairies en France

Librairie internationale
16, rue des Écoles
75005 Paris
librairie.internationale@harmattan.fr
01 40 46 79 11
www.librairieharmattan.com

Librairie des savoirs
21, rue des Écoles
75005 Paris
librairie.sh@harmattan.fr
01 46 34 13 71
www.librairieharmattansh.com

Librairie Le Lucernaire
53, rue Notre-Dame-des-Champs
75006 Paris
librairie@lucernaire.fr
01 42 22 67 13

www.ingramcontent.com/pod-product-compliance
Lightning Source LLC
LaVergne TN
LVHW010949051026
849532LV00003B/1189